ちくま文庫

消えたい

虐待された人の生き方から知る心の幸せ

高橋和巳

筑摩書房

目次

第五章　心はさらに広い世界へ　249

章扉イラスト　岡本かな子

消えたい　虐待された人の生き方から知る心の幸せ

はじめに　「三歳の子が死んでよかった」という男性

悲惨な児童虐待のニュース。

幼くしてその命を絶たれてしまったという記事が、時々だけれども、けっして途切れることはなく新聞に載る。児童虐待の問題は、ほとんどの場合、子どもたちをどう救い出せるか、どう守れるか、どうしたら虐待を防止できるかという視点から議論される。もちろん、それが緊急の、最優先の問題だ。

しかし、私が児童虐待の問題に直面したのは、そういうことではなかった。

私は街中で、ごくありふれた精神科のクリニックを開いて診療をしている。その私が子どもの虐待問題に関わることはなかった。この問題を意識したのは、幼い頃にひどい虐待を受けながらも生き延びて、大人になった元「被虐待児」たちと出会ったのがきっかけである。

彼らの治療を始めた当初、精神科の普通の診断と治療の指針が通用しないことが分かり、とまどった。しかし、深く関わるようになって、治療の方法を変えていくと、彼らの反応はすばらしくよくなった。

その最初の頃の話である。

ある三〇代の男性が、クリニックに通い始めた。彼は数カ月前から電車に乗ると呼吸が苦しくなって動悸が止まらなくなった。それで外出ができないという。パニック障害である。抗不安薬を服用して症状はいくぶんか改善した。その彼がある日の診察でぽつりと漏らした。

その頃、新聞やテレビでは、三歳の男の子が虐待を受けて死亡していたとの報道がされていた。

「先生、虐待のニュース知っていますか?」と彼が聞くので、私は、「ええ知っていますよ」と答えた。

それから、彼はうつむいてしばらく黙り、押し殺したような重い声で話しだした。

「先生……、僕は三歳のあの子が死んでよかったと思います……」

えっ? と、私は声には出さなかったが、驚いて彼の方を見た。

しばらく沈黙があった。彼は涙をこらえているようだった。

「僕もあの時、消えていればよかったんです。そうすれば、こんな苦しい人生はなかったはずです。生き残ったばっかりに……」

彼はその日は、自分が虐待を受けていたことをほのめかしただけで、あまり多くを語らなかった。

それから何回かの診察を経て、彼はまた突然話しだした。

「先生、僕は右足の爪がないんです」

「小学校四年の時、言うことを聞かないからと、ペンチで剝がされたんです」と言った。

彼は耳を塞ぎたくなる話を、淡々と、他人事のように語った。

小さい時からひどい虐待を受けてきた、辛いことしかなかった、ずっと人生を終わりにしたいと思って生きてきた、とつけ加えた。

それから彼は時々、自分の家庭で起こった悲惨な出来事を、やはりまるで他人事のように、ひどく客観的に、どこか遠くで起こった事件のように語るようになった。彼の人生の初期に起こった様々な「虐待事件」が、私が知っているのとは明らかに違う文脈で語られている。その話す声はまるで違う世界から聞こえてくるように私には思えた。

「（辛い時は）自分が自分から離れていた。自分を遠くから見ているようだった」と彼は語った。それは精神医学で記述される離人症に違いなかった。人はひどく辛い出来事や受け入れられない事件に出会った時に普段の「自我」から離れてしまう。それが離人症だ。小学生の時から離人症状があったことだけでも当時の私には驚くべきことだったが、今思えば、彼がそれまでに訴えていた症状そのものも精神科領域で知られているものとは、似て非なるものだった。

彼の語り口は、どこか社会から離れ、人々から離れ、浮き世を遠くに見ているようだった。彼はいつも社会という熱気の圏外にいて、外側から人々を観察し、自分自身さえもそこから眺めている。その不思議な人との距離感、奇妙な存在感が私を刺激した。

私はそれから、彼のような感覚を持って生きている被虐待者たちにたくさん出会うようになった。そして、いつしか心の中で、彼らを、敬服と驚きの念をこめて「異邦人」と呼ぶようになった。

彼らは困難に耐えて生き抜いてきた。その力は敬服すべきものだった。驚きとは、私たちが知らない何かを知っていて、時々、異世界からやってきたような不思議な発言をするからだった。後になって明らかになるのだが、その何かとは、この世界に生きる人の「存在」の限界と範囲についてである。彼らはそれを知っていた。

生まれてからずっと虐待を受けて育てば、この世界を「普通」とはまったく異なる視点から見るようになるだろう。考えてみれば当然だ。

彼らの話にじっくりと耳を傾けているうちに、語られる言葉のひとつひとつが、私の生きている世界とは違う意味をもっているのが分かった。同じ日本語を話しながら言葉の意味が微妙に異なっている。その違いはバラバラではなく、正確にある一つの方向を指し示し、その方向にすべての言葉の意味がずれていた。言語体系がずれるということは、それによって築き上げられている心理システムそのものがずれているはずである。

一つ例をあげれば、死生観が異なっている。死に対する概念が違うのだ。そのために「自殺」という言葉の意味するものが違う。これについては第一章で取りあげる。また、異なる心理システムから物を見ると、同じ絵を見ても違う色彩を感じ、同じ音楽を聴いても違うメロディーを聴き取る。その違いを彼らは語ってくれた。私と彼らは同じ社会の中に生活しながら、異なる心理的世界に生きていた。

彼らと長くつきあうようになって、次第に私は、私がそれまでは信じて疑わなかった自分の「存在」そのものを、逆に疑うようになった。

自分が知っていると思っていた存在は、存在のすべてではないのではないか。人には違う存在のあり方があるのかもしれない、と。

私がすべてであると信じていた存在とは、どんな存在なのか。

信じ込んだがゆえに見逃しているものがあったのではないか。

本書では彼らの生き方をたどり、その証言を聞きながら、私たちの「存在」の限界を明らかにして、人の存在のあり方を照らし出していこうと思う。

第一章
もうこの世から消えてしまいたい

(1) 光の首飾り

一〇歳の自殺企図

これから紹介するのは、クリニックに通っている二四歳の女性、小向亜矢さんが語ってくれたことである。

彼女は小学校四年生の時に、自殺未遂事件を起こしている。

その日、彼女（当時一〇歳の亜矢さん）の学年は校外学習で工場見学に出かける予定だった。工場は電車に乗って三つ目の駅である。

亜矢ちゃんは、朝いつもより少し早く起きて、集合場所の駅に向かって歩いていた。住宅地の上に大きな青空が広がり、白い雲が二つ、三つ浮かんでいる。気持ちのいい春の日だった。

ふと空を見上げると、白い雲の間にキラキラと光るものが見えた。彼女は立ち止まった。目をこらして見ていると、それはゆっくり風に乗って亜矢ちゃんのほうに落ちてきた。小さな星が光り、それがいくつも連なって首飾りのように見える。太陽の光を反射して金色や銀色になったり、時々、赤や青の光が混じった。

「なんだろう。きれい……」

そう思って彼女が近づくと、光もまた彼女の方に近づいてきた。温かく、すがすがしい不思議な空気に包まれて、彼女はじっと眺めていた。それはますます大きくなった。そして、とうとう飛びつけば手がとどきそうなところまで降りて来た。

「つかまえられる！」と、そう思って亜矢ちゃんは光に向かって走り出し、最後にポンと飛び上がった。そして、手が首飾りに触れたかと思ったその瞬間、後ろから鋭い怒鳴り声がした。

「危ない！　馬鹿！」

「何やってるんだ！」

同時に、彼女の体は太い腕に掴まれて、後ろに引き戻された。

それからはよく覚えていない。

記憶の中に残る映像は、足元に見えたプラットホームの黄色い点字ブロックと、その先に急停止した電車のグリーンのラインだった。

それから、駅の事務室の中の光景。

最初、駅員さんから大きな声で何度も名前と住所を聞かれた。

覚えているのは、それが怖かったこと。そのうち、駅員さんが優しい声になったこと。それから分からない時間が過ぎて、おばあちゃんが迎えにきたこと。おじいちゃんの車で自宅のあるその駅から一時間ほど離れた祖父母の家に行ったこと。途切れ途切れの記憶だった。

その朝、ぼんやりと歩いている亜矢ちゃんの姿を見つけたのは、上り快速が入ってくる直前だったと、駅員は祖母に話した。ホームは朝のラッシュで混雑していた。電車が近づいてくると、亜矢ちゃんはフワーッとホームから線路に向かって走り出し、飛び込もうとした。間一髪、その駅員は彼女を抱きとめた。駅の事務室では亜矢ちゃんは祖母の電話番号を答えたが、それ以上は何も話さなかった。泣くこともなかった。ただじっと押し黙っていた。

祖母の家に行ってからも、彼女は一言も話さなかった。

「どうしたの？　亜矢ちゃん、あなたが電車に飛び込もうとしたって、本当なの？

……」

おばあちゃんは、孫の横顔をじっと見ていた。

しばらくして、彼女は小さな声でこう言った。

「おばあちゃん、きれいな光の首飾りが見えたの、それで私、つかまえようと思って

……」

「えっ？……光の？」

それ以上、亜矢ちゃんは話さなかった。

夕方になって、亜矢ちゃんの両親が祖父母の家に迎えにきた。しかし、彼女は、

「帰りたくない」とかたくなに両親と会うことを拒否し、奥の和室から出てこなかった。

亜矢ちゃんは、三つ下の妹と両親との四人家族である。

小学校二年から一切の家事をさせられていた。夕食の支度と部屋の掃除、それからお風呂の掃除。夕方は、保育園に通っている妹をお迎えに行った。保育園の先生に、「いいお姉さんね」とほめられた。四歳の妹の手を引いて帰宅して、お風呂に入れた。忙しかった。

家事が終わっていないと、帰ってきた母親に叩かれた。罰として夕食をもらえないこともよくあった。自分が準備した夕食を目の前にして食べさせてもらえない。亜矢ちゃんは痩せた子だった。一日のうちで彼女が確実に食べられる食事は、学校の給食だけだった。だから、学校に行くのは楽しかった。

それから、本を読むことが彼女の楽しみだった。小学生の頃からずっと、彼女の居場所は玄関の横の板の間だった。そこに座って本を読んでいた。なぜ玄関にいるのかというと、リビングにいる母親から呼ばれたらすぐに動けるように、だ。少しでも返事が遅れると、叩かれた。

「聞こえないのか、何やっていたんだ！」と、ビンタされた。

だから、「亜矢！」と呼ばれたら飛んで行けるように玄関にいたのだ。

母親の機嫌を損ねると、髪の毛をつかまれて、振り回された。ごっそりと毛が抜けたことがある。その時は、飛び散った髪を一本一本指で集めてゴミ箱に入れた。床が汚れているとまた叩かれる。雑巾で血のあとを拭き取った。翌朝、鏡を見ながらハゲになったところをヘアピンで隠して、彼女は学校に行った。

「おばあちゃん、もう疲れた。消えたい」

亜矢ちゃんは、両親が去った後にそう言った。

亜矢ちゃんのおばあちゃんは、市の児童相談所（児相）に行った。児童相談所は、この事態を早速調査して「虐待」と判断し、母子を分離した。彼女は施設（児童養護施設）に預けられてそこで暮らした。

それから約一年後、母子の「再統合」が実施されて、彼女は実母のもとに戻った。

しかし、母親からの暴力も、家事労働も以前とまったく変わらなかった。それどころか、母親からは、「おまえが余計なことを言うから、こんなことになった」と責められた。

でも、亜矢ちゃんにとってうれしかったことがある。それは、妹が大きくなって二人で話ができるようになったことだった。

「死にたい」ではなく、「消えたい」という希死念慮

一〇歳の亜矢ちゃんの自殺未遂事件。

しかし、心理的に正確な表現をすれば、彼女には「自殺」という意図はなかった。だから「未遂」でもなかっただろう。普通の心理では理解できない事件である。

亜矢ちゃんのように、ある種の「ファンタジー」の中で自殺への行動を起こしてしまったという話は、精神科では、そうまれではない。例えば、陸橋の下にきれいなお花畑が見えたので欄干を越えようとした時に、通りがかりの人に声をかけられた、と言う患者さんがいる。あるいは、マンションの屋上の柵の向こう側に小川が流れるきれいな草原が見えたり、はっきりとしたヴィジョンにはならないまでも、「何か懐か

しい気持ちがして、そちらにひかれて行ってしまった」などと語る。こういった体験は「被虐待」の体験をもった人には多い。

精神科的に考えると、そこで起こっている現象は、「解離」や「幻覚」と言われるものに近い。自分がいる場所、時間、さらに自分が誰であるかを忘れて（解離）、目の前の現実とは違う世界（幻覚）に入ってしまう心の状態だ。

事件の後、亜矢ちゃんは、「もう疲れた。消えたい」と言った。

虐待を受けて育った人は、人生の辛さから逃れるために「死にたい」とは言わない。「消えたい」と言う。

「死にたい」と「消えたい」。

この単なる言葉の違いの裏に大きな心理的な事実が隠されていることに私が気づくには、少し時間がかかった。

精神科では、死んでしまいたいという気持ち、自殺への欲求を「希死念慮」と言う。例えば、うつ病の患者さんを診察している時、希死念慮があるかないか、あれば、それが強いかどうかを評価する。強ければ、薬物療法を始める前に入院してもらった方がいい。自殺防止のためである。

　当初、私は元「被虐待児」の「消えたい」という訴えを聞いた時に、うつ病と同じように「希死念慮あり」とカルテに記載していた。つまり、抑うつ感の中で「自殺したい」と思っていると解釈していたのだ。

　しかし、その後、「死にたい」と「消えたい」とは、その前提がまったく異なっているのが分かってきた。

「死にたい」は、生きたい、生きている、を前提としている。

「消えたい」は、生きたい、生きている、と一度も思ったことのない人が使う。

「死にたい」と思うには、その前提に、本当はこう生きたいという希望や理想がある。あるいは、人生のある時期、楽しく生きてきたという経験がある。でも、何かの事情で、自分が望んできた人生が実現できないと分かり、その時に人は死にたいと思う。

例えば、人の役に立ちたい、家族と一緒に楽しく生きたい。でも、こんな自分になってしまったら、そんな人生は不可能だ。だから、死にたい。生きる希望や目的、理想、楽しく過ごした体験があっての、「死にたい」なのだ。

　一方、被虐待者がもらす「消えたい」には、前提となる「生きたい、生きてみたい、生きてきた」がない。生きる目的とか、意味とかを持ったことがなく、楽しみとか、幸せを一度も味わったことのない人から発せられる言葉だ。今までただ生きてきたけど、何もいいことがなかった、何の意味もなかった。そうして生きていることに疲れた。だから、「消えたい」。

「死にたい」の中には、自分の望む人生を実現できなかった無念さや、力不足だった自分への怒り、それを許してくれなかった他人への恨みがある。一方、「消えたい」の中には怒りはないか、あっても微かだ。そして、淡い悲しみだけが広がっている。

二つの死生観、心理と存在

一度獲得した人生を諦めて「死にたい」と思う人々と、人生を知らないままに、「消えたい」と思う人々がいる。「希死念慮」という言葉でくくれば同じだが、「死にたい」と「消えたい」という二つの異なる言葉を使う、二つの異なる死生観があって、それをいだく二つの異なる心の状態がある。間には二つを分ける隔壁がある。その一方には人生があり、他方にはそれがない。

二つの死の意味とそれに対応する二つの異なる心理を知った時に、私はその背景に二つの異なる「存在」があるのかもしれないと思った。

「普通の」人々はその一方の存在を生きて、楽しみ、苦しみ、悲しみ、喜んでいる。一方、彼ら異邦人（被虐待者）たちは、それとは異なる存在を生きている。

話を戻すことにしよう。

亜矢ちゃんの孤独な「自殺未遂事件」と、一年間の施設の生活。その後、再び繰り返された自宅での辛い生活。

しかし、彼女は消えなかった。

彼女が私のクリニックを訪れたのは、それから一四年経った、二四歳の秋だった。

（2）被虐待児の人生から教えてもらったこと

一〇歳の時、「ある日」までは生きていると決めた

クリニックでの最初の診察の時に、彼女、小向亜矢さんは、
「小学校四年生の時に、自分で決めたことがあるんです」
と、話し始めた。

「先生、私は四年生の時に、自分がある年齢の『ある日』までは生きている、と決めたんです。

その頃、私はなんでみんな生きているんだろうと不思議に思っていました。自分には生きている理由が分からなかったし、意味がないと思っていたのです。でも、私が決めた『その時』まではとりあえず生きていることにしました。そして、生きていて

意味があるのかどうか、確かめるつもりでした。それが今まで私が生きてきた理由です。他に生き続ける理由はありませんでした。

あの時は、『確かめる』なんて思ったけど、本当は、単に死なない理由を見つけたかっただけだったのかもしれません。六年生になって『未来の私と夢』という作文を書かされました。後から知ったけれど、多くの小学校で卒業前にそれを書かされるそうです。私はその作文が怖かった、辛かったです。未来とか夢、そんなものはなかったからです」

彼女は、二四年間の人生を一気に語った。

自分は虐待を受けて育った。養護施設に一年間いた。

小学生の頃、自分の居場所は玄関の横の板の間だった、そこに座ってずっと本を読んでいた……と、彼女は話を続けた。

高校の学費は親に出してもらえなかったので、夕方からアルバイトをして自分で稼いだ。

高校卒業と同時に、逃げるように家を出て一人で暮らした。仕事は楽ではなかったが、やりがいがあった。やればやっただけ進む感じがあったからだ。会社が終わってから会社の友だちと一緒に飲みに行った。自分のお金で外食できるのは嬉しかった。小さい時から先のことはあまり考えたことがなかった、だから、その時も考えなかった。

三年後に会社が倒産した。

派遣で仕事を転々とするようになった。がんばったけれど楽しい思い出はない。そして、二年前に彼女はうつ病で倒れてしまった。仕事を辞めた。

それまでの緊張の糸が切れ、彼女は急に人が怖くなった。一日中アパートの一室でじっと息をひそめて過ごすようになった。誰かに監視されているのではないか、襲われるのではないかとビクビクしていた。窓から光が漏れないように、夜になっても電灯は点けなかった。テレビを点けて音を消して、その光だけで過ごした。自分はここに居ていいのか。なんで生きているのかと考え続けていた。

貯金が少しずつ減っていった。外に出るのは、食料を買いに週二回マーケットに行くのと、月一回、精神科のクリニックに通う時だけだった。ただ一人、不安と恐怖に脅えていた。

彼女の話を聞きながら、私は、彼女がそれまでは生きていると決めた「ある日」がそれほど遠い将来ではないだろうということを感じた。もしかして今度の誕生日だろうかと、電子カルテの生年月日の欄を眺めた。それまでに治療が間に合うだろうかとも、ぼんやりと考えた。

その「ある日」がきて、彼女の人生が今までと同じならば、彼女は消えるのだろうか。

彼女は話し続けている。

「(小学校四年生の時に)その日を決めてからは、『もう生きていなくてもいいんだ』、『終わってもいいんだ』と思えました。少し楽になりました。私はそれを支えに生きてきました」

彼女は話の最後に、今は別のクリニックに通っているけれど、薬の治療だけでうつ病がよくならないので、セカンドオピニオンをもとめてやってきた、としっかりとした口調で言った。

私は丁寧に感想を返した。

「小向さん、あなたは大変な家庭に生まれて、大変な環境で育ってきましたね。人には想像がつかないくらい辛かったと思います。あなたの苦しみは、『普通の』人には分からないでしょうね。小さい頃から生きていたくなかったと言いましたね。そうだろうと思います。しかし、よくここまで生きてきましたね。大変な二四年間だったと思います。それだけで、たぶん普通の人の一生の数倍の力を使い切りましたよね。よくがんばってきました」

彼女は、いきなり私からこんな感想を言われて面食らったようだった。しばらく黙ったまま、じっと宙を見つめていた。それから、頬に二筋、三筋と涙を流した。

「セカンドオピニオンということですので、私の診断をお伝えします」と、私があらたまると、

「はい、お願いします」と、彼女はしっかりした表情に戻った。

「あなたは、典型的なうつ病ではないと思います。うつ病と同じ抑うつ状態、意欲低下や注意集中力の低下という症状をかかえていますが、うつ病とは違う部分も多いです。過労状態、重篤な心身の疲弊状態があって、慢性疲労と重いうつ病との混在のような状態だと思います。普通のうつ病より重篤です。

それから緊張と不安がとても強い。これは小さい頃からの虐待の影響だと思います。重症の不安障害と対人恐怖、正式には『社会恐怖』と言いますが、それがあると思います。

今のあなたの状態には、残念ながら薬はあまり効きません。抗うつ薬を飲んでも体がだるくなるだけかもしれません。治療法としては、深いレベルからの心身の休養と心の整理です。でも、ただ休んでいても緊張はとれないでしょうから、心の緊張をほぐすために精神療法やカウンセリングが必要です。

自分の心を整理できて、自分がどれほど大変だったか、どれほど耐えてきたか、普通の人の何倍も辛く、そして何倍もがんばってきたかが分かれば、自分を認められるでしょう。自己受容と言います。それができたら緊張が緩んで、疲れがとれるだろうと思います」

じっと聞いていた彼女は、再び涙を流した。

それから彼女は、二週間に一度の割合でクリニックに通うことになった。

生活の治療から心の治療へ

最初に私は、抗うつ薬を減らした。それだけで、わずかだが亜矢さんの体が楽になった。

それから、本格的な心の治療の前に「生活の治療」を始めた。

亜矢さんは異常な家庭で育ったから、普通の生活を知らない。だからまず生活の土台である睡眠と食事を改善する必要があった。いや、正確に言うと、それらを生まれて初めて体験する必要があった。

私は睡眠薬を中心とする処方に切り替え、睡眠の取り方と生活リズムの作り方を助言した。しばらくして、亜矢さんはよく眠れるようになったと報告した。

「先生、ぐっすり眠ることができました。ぐっすり、という言葉は知っていたけど、こういうことを言うのですね。六時間も続けて眠れたのは生まれて初めてです」と、嬉しそうだった。

睡眠が改善されたので、次に私は彼女の食事について助言しようとした。

もちろんその間も、彼女は途切れ途切れではあるが、自分の辛い人生について語り続けていた。毎回、私は黙ってそれを聞き遂げた。話が終わって診察の最後の数分間、私は折に触れて食べ物の質問をした。

「食べ物は何が好きか」とか、「今日は、何が食べたいか?」とかを聞いた。

彼女は、質問の意味が分からないようだった。

「特に好きな物はない」、「別にない」とだけ繰り返していた。

小さい頃から、家では食事にありつければそれだけで幸運だったし、唯一、確実に食べられた学校の給食は、出されたものが全部美味しかった。だから、彼女の中には食べ物の「好き嫌い」、「美味しい、まずい」、何かを「食べたい」という概念はもともとなかった。

食べたか、食べなかったかという質問は理解できただろう。しかし、どう感じて食べたか、好きか、美味しかったかどうか、という質問の意味は分からなかったのだ。

しかし、体はどこかで美味しさを感じている。

ある日の診察で私が、

「今日は寒いから、鍋ものなんかが美味しいよね」というと、彼女は初めて、

「そうですね。いいですね」と、言った。

「寒いときは油ものが美味しいから、鍋焼きうどんにエビ天をのっけたらいいかもし

れない」

「うわっ、美味しそう」

それから、彼女は生まれてからずっと意識の隅に追いやっていた味覚を少しずつ掘り起こしていった。そして数カ月後には、「油揚げとタマネギのみそ汁が好き」などと発言するようになり、生まれて初めてだろう、毎日の食事を楽しみと思えるようになった。

抑圧されていた味覚が解放され、世間では誰もが当たり前に使っている言語、「美味しい」を、彼女は自分のものにした。

食事は楽しみにしていいものであり、日々の生き甲斐であり、自分で自由に工夫して味わい、満足していいものなのである。それが「美味しい」という言語の背景にある世界観である。

睡眠と食事が、生活の中の〝生きていくために必要な出来事〟から、小さな楽しみに変わった。

わずかながら生活にメリハリがついて、気持ちが動くようになった。

小さい頃から大好きだった読書を、彼女は再開した。もちろん今は、板の間の隅ではなく、柔らかい自分のベッドの上でである。

しかし、長年積もった疲れはそう簡単にはとれず、外に出られない、動けない、人が怖い、そんな緊張の生活は続いていた。

私は彼女の話を聞き続け、その都度、少しずつ感想を返した。

そして、四カ月後の診察で彼女はこう言った。

「先生、私、あと半年くらいは生きていけます、たぶん、そのくらいはお金が続きます。

今は、私は幸せです。安心です。こんな気持ちになったのは生まれて初めてです。

小学校四年の時に、死ぬ日を決めてここまで来ました。今、私は美味しいご飯も食べられるし、暖かい布団もあるし、安心して眠ることも知りました。好きな本も読めます。それから二週に一回だけど、ここで自分のことを話せます。先生に気持ちが分かってもらえます。安心できて、生活ができて、気持ちが通じるってことを知りました。『よくがんばってきたね』と何度も言ってもらえました。これって、幸せです」

「消える」と決めた日まで生きている人生は終わった。

わずかだけれども、彼女は生きる楽しさを知った。だから、「消える」理由はなくなった。小学生の時に決めた「あの日」はどうなったのか、私には知るよしもなかったが、お金がある限り生き続けるという。そして、お金がなくなったら、今度は生きることができないから、「消える」ではなくて「死ぬ」ことになるのだが、私はもう「あの日」が来ても大丈夫のような気がした。お金だけの問題ならば、何か手があるかもしれない、と彼女は感じているようだからである。

これが、私が被虐待者（異邦人）から教えてもらった最初のことである。

つまり、普通の生活ができて、一に、美味しく食べて、二に、ぐっすり眠れて、三に、誰かと気持ちが通じ合うことができれば、人は幸せである、と。

人生の幸せは三つのことが実現できていること

この単純な三つのことは、たぶん、普通の人生を送っている人たちにとってはすでに実現できていることであり、日々振り返ることさえしない、ごく当たり前のことでである。

でも、彼女はそれが幸せであると言う。

まったく彼女の言うとおりだ。人生の幸せはそこにあると思う。

そこで、私は自分の生活を振り返った。三つのことが十分に実現しているはずなの

に、なぜ私は彼女ほどに日々の生活に幸せを感じていないのだろうか。

最初に考えた理由は、あまりにも辛く、苦しい人生を送ってきた彼女だから、普通

の人たちには取るに足らない、ごく当たり前のことに大きな幸せを感じたのだろう、

ということである。つまり、幸せの大きさに対する慣れの問題という説明である。

しかし、考えてみると、この説明は本質的なことではないように思える。

ごく平凡に生きている人と、大成功して人々から賞賛された人生を送っている人と

を比較してみよう。両者とも求める幸せは、やはり、美味しく食べてぐっすり寝て、

人と気持ちが通じ合うことである。もちろん、お金持ちは豪華な食事をするだろうし、

広い寝室で眠るだろう。しかし、美味しさと熟眠感についての満足度は、かけたお金

の量には比例しない。

また人と気持ちが通じ合うことで味わう幸せも同じだ。成功した人は注目されたり、賞賛されたり、感謝されることはずっと多いかもしれないが、心に届くふれあいは親しい人との交流であるから、これも成功の度合いとは相関しない。

美味しく食べて、ぐっすり眠った時の心地よさは、いつも新鮮で、人がそれに飽きてしまったり慣れてしまうということはない。人に分かってもらえたときの嬉しさも、同じだ。これらは不満足か、満足かの質的な問題で、どのくらい満足かという量的な問題ではない。だから、その大きさに慣れることもない。

では、亜矢さんと普通の人との満足度の違いは何なのか？

それは、彼女がもっている「幸せの評価基準」に由来する。

普通の人は他人との関係が豊かなので、意識せずに他人との比較を行い、自分の幸せの度合いを相対的な位置関係の中で評価する。つまり、幸せそのものよりは他人と比べてどうかという視点で評価する。

例えば、「ああ、美味しかった」と感じた時に、このくらいは誰でも味わっていると思ったり、もっと美味しいものを食べている人もたくさんいるはずだと評価したら、受け止め方は変わるだろう。そういった比較がいつも美味しさの中に入り込んでいるのだ。

一方、亜矢さんは人と離れた荒野の中で、生まれて初めて人生の喜び、楽しさを知った。彼女は自分の満足と幸せが、周りと比べてどれほどのものなのかを知らなかったので、誰とも比較しなかったし、どれほどの幸せなのかを評価しなかった。ただそれを味わい、感じたのだ。

この意味で、亜矢さんは幸せに対してまったく自由だった。

だから、食べる、眠る、心が通じあえる、の三つをそのままに感じ、そのままに幸せになっている。これは、虐待を受けた人が回復していく時に見られる共通の感覚である。

人生観の持ち方によって、幸せの感じ方は変わる。幸せをそのままに感じられる亜矢さんのような心の状態は、人生を極めた人や、あるいは「悟り」を得た人と同じなのかもしれない。

第二章　異なる世界で生きる人々

この章では、被虐待者の特殊な存在感と心理状態を理解するために、いくつかのエピソードを紹介する。それらを聞いていると、彼らが私たちとは異なる世界に生きているのが分かる。

国境を越えれば時間（標準時）が変わる。それと同じように、彼らの住む世界では私たちとは異なる時間が刻まれているようだ。

(1) 私には日にちがない

曜日が分からないと訴える不思議な不眠症

金沢みゆきさん。四一歳。彼女がクリニックに来たのは、不眠症の相談だった。

彼女が訴える不眠の症状を詳しく聞き取っていくと、私は不思議なことに気づいた。彼女には「日にち」とか「曜日」という概念がないようなのだ。昨日、今日、明日の区別があいまいで、また土曜、日曜、月曜……という曜日の区別ができていない。

診察室には、ご主人と二人で入ってきた。

私が、「今日はどんな相談で来られましたか」と聞くと、彼女は答えた。

「眠りが浅くて、夜中に何度も目を覚まします」

これが最初の訴えだった。

中途覚醒である。不眠の訴えの中では、入眠障害（なかなか寝つけない）とともに多い症状だ。

彼女は夜一二時頃にベッドに入り、二時頃に目が覚めてしまうと言う。それからはもう眠れなくて、せいぜいウトウトするくらいだ。起床するのは午前五時頃なので、横になっている時間は五時間ほどあるが、推測するに、実際の睡眠時間は長くても三、四時間くらいであろうか。就寝時間に対して、実際に眠っている時間を表す睡眠効率はかなり悪そうだ。

そんな症状を聞きながら、最初に私が不思議に思ったのは、「そのような睡眠状態になったのは、いつ頃からですか？」という質問に、彼女が正確に答えられなかったことだ。

「えっ？　えーと、そうですね。昔からずっとそうだったと思います……」

「ずっと、というと？　例えば、結婚された当初はどうでしたか？」

「その頃も同じようだったと思います」

「では、学生の頃は？」

「たぶん、同じだったような……」

「そうですか。失礼な質問で申し訳ありませんが、ではどうして、今回、あらためて不眠症の相談に来られたのですか?」

彼女は、次のようないきさつを語った。

睡眠そのものは昔から変わっていない。でも、最近、朝起きた時にすでに疲れている。買い物に出るのが億劫《おっくう》になってしまって、動けない。何をしてもひどく疲れやすい。そのせいか気持ちが落ち着かなくて、不安で人前に出られない。夫から、「最近疲れているんじゃないか、体でも悪いのか」と言われて内科の検査を受けたが、異常はなかった。その時に睡眠のことを聞かれて話したら、睡眠障害の相談も受けたほうがいいと言われて、それでやってきた。

「分かりました。それでは、もう少し詳しく睡眠の状態をお聞きします。

一昨日からの睡眠の状態を具体的に知りたいのですが、昨日は日曜日でしたね。まず前の晩の土曜日の夜ですが、何時に寝ましたか。いつもと同じでしたか?」

「……、ええ、同じだったと思います」

「では、時間をさかのぼって質問しますが、土曜日の朝は何時に起床して、その日の午後は何をしていましたか?　その時の日中の眠気はどうでしたか」

「ええと……、土曜日の昼間ですか？」

「そうです。一昨日のことです」

「ええと……」

彼女が言いよどんでいると、ご主人が口を挟んだ。

「先生、妻は日にちの感覚が弱いんです。『三日前にこうしただろう』と私が話しても、『三日前』という感覚が分からないようで、考え込んでしまうことがあります。それから、『曜日』が分からないんです。『先週の火曜日』とかいう言い方が分からないんです」

私は理解できなかった。

精神科領域で曜日が分からないのは認知症の症状……と思って、ええっ！　この女性は本当は認知症か？　認知症に伴う不眠？　それで訴えがおかしいのか？　まだ四一歳なら若年性アルツハイマー病か？　だとしたら、いつから眠れなくなったかを答えられないのも理解できるが……と私の思考は一時、混乱した。

しかし、冷静に振り返ると、診察室に入った時の挨拶の仕方や質問への応答時間、表情の動きなどから考えて、認知症であるはずはなかった。

そこで、私はもう一度じっくりと睡眠障害の内容を聞き取った。聞き取りながらも認知症の兆候を読み取ろうとしていたが、それはまったくなかった。そして一五分ほどの聞き取りの後、やっと彼女の睡眠障害を理解することができた。

金沢さんの睡眠障害の意味――終わらない夜と始まらない朝

私は説明した。

「なるほど、そうですか。分かりました。金沢さんは長い間、ずっと浅い眠りしかとれていないのですね。いつもウトウト程度だから、眠ってもきちんと意識が途切れていないんだと思います。それが慢性化していた上に疲れが重なって、今回の体調不良になったのだと思います……」

普通は、眠ると意識が完全に途切れる。当たり前のことだ。だから、主観的な時間も途切れて、翌朝起きた時に、新しい時間が始まる。その結果、その日は前の日と区別され、異なる日、新しい一日になる。しかし、睡眠が浅くて短いと、意識が途切れずに主観的な時間も連続する。すると、夜のままの気持ちが続き、前の一日が終わらないままに次の朝になる。それで日にちや曜日の認識が曖昧になるのだ。

これはちょうど徹夜した時の感覚だ。徹夜した朝、前の日を振り返ると、一日が終わらないまま続いている感覚があるだろう。昨日と今日の日にちの感覚が曖昧になっている。あらためて、「今日は○曜日だよな。だから仕事は△だ」などと確認しないと、一日が始まらない。

金沢さんは、その徹夜感覚が慢性的に続いているのだ。

いつ頃からというと、もしかしたら小さい時からなのだろうか？


「時間の感覚が人と違うから、『三日前』がなくて、代わりに『六○時間くらい前』と言わないと、分からないのでしょうね」と私が説明を終える。

すると、うつむき加減だった金沢さんが、驚いたように視線をあげた。

「そうなんです！　私、日にちの感覚よりも時間の感覚なんです。でも、先生はなんでそれが分かるんですか？」

「以前、そういう不眠症の患者さんの治療をしたことがあるからです」

「先生は、睡眠の専門医だそうですが、こういう病気があるんですか？」

「いえ、金沢さんのような不眠症は睡眠障害の分類の中にはありません。非常に特殊な場合にだけ起こるので、普通は分からないんですよ。小さい時からとても辛い思いをして育ってくると、起こったりすることがあります」

「……」

それから、私は彼女の生育歴と小さい頃の母親との関係について、二つ、三つ聞き取った。もちろん、短い時間では虐待の有無を聞きとることはできないので、質問はごく一般的な家族の印象だけである。しかし、彼女の話からは、普通とは違う母子関係の緊張感と距離感が読み取れた。彼女は虐待を受けて育ったようだった。さらに、いつ始まったか分からない不眠症、おそらく幼少時からずっと続く不眠症は、その推測を補強するに十分だった。

私はそれ以上詳しくは触れずに、まずは睡眠の治療を始めることにした。

不眠症の治療を開始する

睡眠を改善するために第一に行うことは、一日二四時間の中で睡眠時間を固定することである。

睡眠は一日のリズム（サーカディアン・リズム：概日リズム＝二四時間のリズム）の中で繰り返されるので、まちまちの時間帯で眠ろうとしても、睡眠は安定しない。まずは体のリズムを地球の自転周期であるサーカディアン・リズムに同期させる必要がある。そのために睡眠時間を固定する。

私は専業主婦である彼女の一日を聞き取り、睡眠時間を七時間に設定して、午後一一時に消灯、朝六時に起床と固定した。

彼女は、「いきなりそんなには眠れません」と言ったが、治療のための一応の設定だと説明した。

それから、睡眠導入薬を処方して、次のような指示を出した。

①毎日夜一一時に薬を一錠飲んですぐにベッドに入り、電気を消すこと。
②朝は目が覚めたら六時前なら何時に起床してもいいし、あるいは二度寝してもいい。
③しかし、六時になったらどんなに眠くても起床すること。
④昼寝はしないこと。

体に強制的にサーカディアン・リズムを覚えさせる、という治療法である。

その要点は、例えば、一一時に横になってなかなか眠れずに悶々と寝返りを打って、明け方五時頃になってようやくウトウトできたとしても、約束の六時になったら必ず起きる、というものだ。私は、「たとえ明け方五時五〇分にやっと寝つけたとしても、六時には起きるという約束ですよ」と説明する。

彼女は生まれてからこれまで四時間以上寝たことがないし、昼寝などまったく知らないだろうから、三番目と四番目の指示は不要だったかもしれない。

これまでの家庭生活を続けていくのに無理のない設定のはずだ。ご主人にも同意してもらった。

一日が終わり、朝が始まり、曜日ができ、時間が共有できた

最初の診察から二週間後。

真面目で几帳面な（これは被虐待者に共通の生き方だ）金沢さんは、私の指示をきちんと守ってくれた。そして、薬の効果が出て少し眠れるようになった。一一時に就寝して三時頃までは眠っているようだ、と報告してくれた。

それから、さらに二週間後。

彼女は診察が始まるなり、こう報告した。

「先生、私、生まれて初めて『一日が終わる』という体験をしました。一日って終わるんですね」

私がうなずくと、彼女はさらに元気な口調で続けた。

「眠れるようになったんです。体が楽になりました。生活が変わりました」

一日が、夜に終わって、朝に始まる。その間、完全に意識が消え、時間が途切れる。時計は動き続けていても、人の心の中の時間は夜一一時で止まり、朝、六時に新しく始まる。それで、翌朝は前の日とは違う気分になる。だから、一日が終わり、新しい日にちが始まる。

前の日の心は、前の晩に途切れている。朝、新しい心が動き出すからこそ、昨日、今日、明日という区切りができて日付が変わる。一昨日、昨日、今日ができて日にちが数えられるようになり、一週間の曜日ができあがる。

そんな当たり前のことを、彼女は嬉しそうに語り、報告した。

「普通の時間の感覚が戻りましたね」と私が応じると、

「これが普通なんですね」と、彼女は微笑《ほほえ》んだ。

「普通のほうがいいでしょう?」

「ええ、いいです」

「先生、あの一粒の睡眠薬が私たち家族の生活を変えてくれたんです。イライラして主人とけんかすることがなくなりました。主人はとても喜んでいました」

一錠一一円の薬である。その薬もあと三、四カ月ほど飲み続ければ、終了できるだろう。


それから、さらに二週間後の診察で彼女は報告した。

「最近、眠るコツが分かりました。ああ、目を閉じると眠れるんだ、と思いました。体の疲れで眠れるという感じがします。体が『重たい』のではなくて、『眠たい』というのが分かりました。眠たいというのは気持ちがいいものなのですね。

それから、朝起きても肩が重くない。体がこわばっていないんです。『ああ、また朝が来てしまった』という重い気分がないです。眠ると体が軽くなるんですね。

毎朝、新しい気持ちになって、毎朝、幸せって思います」

他人と同じ時間を共有することは、同じ世界に生きていることの一番の保障であり、安心だ。

海外旅行に出かけて、現地の空港で時計を合わせる。その時に私たちは心も体もその文化圏に入って、現地の人たちと心理的につながる。時間を共有するのだ。その現地時間はグリニッジ標準時（平均時）によって日本標準時と変換されているので、たとえ時刻はちがっていても、日本とその国はつながっている。

しかし、金沢さんのように、同じ日本に住みながらまったく違う時間で生きていると、そこには日本と外国との違い以上に大きな心理的距離ができている。彼女は、異なる世界に生きていたのだ。そこでは硬くて単調な時間が流れ、日にちと曜日がなかった。

子どもに恐怖と緊張を植えつける心理的虐待

虐待を受けている子どもは、「普通の」眠りを知らない。たぶん、数時間の意識の途切れはあるのだろうが、いつも暴力におびえて不安の中で生きているから、寝ている間も緊張は途切れず、どこかで周りの気配を感じ続けているのだ。

想像してほしい。それはたぶん、普通に育った人がある日突然、内戦の続くどこかの国に送り込まれて、塹壕《ざんごう》の中とか、崩れたビルの壁に身を潜めて睡眠を取っているような状態だ。眠っていても絶えず周りの物音におびえ、警戒し、完全には意識が途切れることがない。

曜日の感覚が曖昧になっていた金沢さんほどではなくても、被虐待者はぐっすり眠ることがない。彼らは、幼稚園や小学校の頃から不眠症になる。子どもの不眠症は、被虐待の重要なサインである。

生活が落ちついてくると、金沢さんは自分の人生を語り始めた。

幼稚園の頃から眠れなかったことを〝思い出した〟。眠ることを知ったからこそ戻ってきた不眠の記憶である。

「小学生の頃、夜は怖かった。目をつぶったら、このまま何もなくなってしまうのではないかと不安でした。眠れないまま、闇の中でじっと目を開けていたのを思い出しました。学校のことは何も覚えていません。ずっと緊張していたと思います。

それから中学、高校は必死でした。その頃のこともあまり覚えていないです。母親からは、『お兄ちゃんは頭がいいけど、お前は頭が悪い。知能が低い。馬鹿だ。勉強ができない』、『お前はいらない子だ』、『勉強ができないなら死んでしまえ』と言われ続けてきました。勉強できないと寝てはいけないと思っていました」

高校三年生の時、母親に進学の相談をしたら、「お前には大学はいらない。どうせ頭が悪いんだから」と言われ、彼女は一度進学をあきらめた。学年で就職希望は彼女一人だった。通っていたのは県で二番目の進学校だった上に、彼女は成績もよかった。驚いた担任の先生が、何度も彼女の家に通って母親を説得してくれた。彼女は進学できた。

大学卒業後、就職して経理の仕事についた。資格をとったほうがいいと思って、仕事が終わってから専門学校に通った。睡眠時間は三時間くらいだった。二八歳で過労で倒れて二週間入院した。

母親は、「それくらいで倒れるのは頭が悪いからだ」と娘をけなした。入院中は一人だった。家族は誰も来てくれなかった。

結婚してからは、家事、子育てに夢中だった。自分は頭が悪いからがんばっても人並み以下だと、彼女はいつも不安だった。夫からは何度も、「そんなに、何でもかんでもきちんとやらなくていいんだよ」と言われていた。でも、その意味が分からなかった。手を抜くことは知らなかった。

「自分のことを振り返ったのは、今回が初めてかもしれない」

子の気持ちが見えなかった母親

彼女は身体的な虐待は受けていなかった。虐待の種類については次章で述べるが、彼女が受けていたのは「心理的虐待」である。心理的虐待は周りに気づかれないだけでなく、子ども自身も気づくことはない。

心理的虐待は子どもの心の中に奇妙な、矛盾した母親像を作り出す。

彼女は、いつも怖い母親だったと振り返る一方で、「食事もお弁当も作ってくれた」「叱られたことはなかった」、だから母親は優しい人だった、と言う。

母親は怖いという冷たい距離感と、母親は優しいという温かい思いとが同居する。

心理的虐待を続ける母親が、子どもに優しいはずはない。叱らなかったのは、子どもに無関心だっただけだろう。しかし、放っておかれたことを「優しかった」と被虐待児は翻訳して理解する。食事を作ってくれたのは、家族の食事と一緒だったという理由だけだろう。しかし、彼女はそこに子への愛情を読み込む。

彼女はいつも緊張し、自分を抑え、母親の顔色をうかがい、先回りして生きてきた。そうしていないと、もっとけなされて見捨てられてしまうからだ。母親は、子どもにいつも無関心なだけなのだが、子どもはそこに必死になって自分の期待を投影しようとする。しかし、母親は反応しない。これでもだめなんだ、ここまでがんばってもだめなんだと、その空回りがまた底なしの恐怖を育て、彼女の心は緊張でいつも震えている。身体的な虐待を受けたのとは違う、真綿で首を絞められるような、恐怖と孤独が心を覆う。恐怖に潰されないために、ぎりぎりで自分を支えるために必要だったのが、「優しい母親」という翻訳である。

こうして彼女は、幼稚園の頃から不眠症になった。

私は金沢さんから母親の思い出を詳しく聞き取り、一緒にその時の母親の心理を推測して解説した。

彼女の理解は早かった。数カ月後には、自分の母親は、「優しくて叱ることのない母親」だったのではなく、「ただ無関心で、子への理解のない母親」、「その時の気分だけで子どもをけなす一方的な人」、「子育てする能力のない女性」だったことを理解した。

母親像の正しい理解ができた時に、彼女の心に長い間巣くっていた恐怖心は消えた。「ああ、そうだったのですね。私は自分で作った妄想の中に生きていたんですね。母はいつも文句を言い、気分で人をけなし、あとは本当に単純に無関心だったんですね」と、彼女は言った。

「先日、久しぶりに実家に帰りました。母の行動を見ていました。私が持っていたイメージの母親像と、『私の母親をしていたあの人』とが、はっきりと区別できるようになりました。イメージの母親像は、『カーッとなると怖いけど、優しくて決して叱らない母親』でした。でも、実際の『あの人』はそうではなかった。そのギャップが私に、見捨てられる恐怖をいだかせたのだと思う。

小さい頃、学校で嫌なことがあって報告したことがある。でも、母からは一度も

『大変だったね』と言われたことがない。『あら、そうだったの』と、いつも見放された言い方だった。無関心だったのだ。それが怖くて何も言わなくなったし、学校で嫌なことが起こるのは私が悪いからだと思うようになった。私はどんどんダメな子になっていった。

期待してきた母親像と『あの人』との違い、その混乱がはっきりと区別できた。整理できたので、もう求めるものがない。執着していたもの、いつか手に入るかもしれないと思っていたものを、もう求めなくてもいいと思ったら、力が抜けてしまいました」

家族と同じ時間を生きられるようになった

彼女は毎日よく眠っている。恐怖が消えてからは、さらに深く眠るようになった。

「今日、先生のところに来るので見たら、前回もらった薬が残っていました。だから今日は薬はいらないです。いつの間にか飲むのを忘れていました。

辛いことや嫌なことがあっても、一週間経つとそれがあまり気にならなくなって、初めて『過ぎ去る』ということがわかりました。

『時間が解決する』という言い方、それは知ってはいたけど、そんなことどうして起こるのだろうかと疑問に思っていました。私には、時間が経っても何も解決しないことばかりだったからです。でも、時間が解決するというのを実感できました。それから、『引きずらない』、というのも知りました。

最近、二度寝をすることがあります。朝四時頃目が覚めて、『ああ、まだ四時だ』と思って、あと二時間あると思うと嬉しくなる。その二度寝が楽しみです。急いでしなくてはならないことがなかったら、午前中、だらだらしています」

私は報告を聞いて、よかったなと思った。

しかし、彼女の「だらだらしている」というのは、普通のだらだらではないだろうとも思った。彼女の言う「だらだら」は、おそらく普通の人のてきぱき以上のだらだらのはずだ。それが彼女の人生だったし、かかえてきた緊張である。

安心できる普通の睡眠は、一日を区切るという大きな効用を持っている。そして、翌日は新たな気分で、爽やかに、生まれ変わった自分を感じることができるのだ。

区切りができると、嫌なことも少し遠くになり、区切りを繰り返しているうちに、やがて忘れることができる。だから、あまり考えすぎない、そこそこにしておくことができるし、まあいいかと思って、「そのうち何とかなるよ」と、自分に言い聞かせられる。

これらは、すべて私たちが毎日眠ることによって得られる心の効用である。

睡眠はネガティブな感情を弱め、薄くして、やがて消してくれる。人生の中で起きた怖いこと、恐ろしいこと、不安なこと、それらに関する感情は、その事件が過ぎ去ったら、本当は忘れ去ってしまったほうがいいのだろう。そのほうが毎日を楽しく、気楽に生きていけるはずだ。でも、まったく忘れてしまったら、また怖い目に遭ってしまうかもしれない。だから、そこそこ忘れて毎日を過ごし、何かの時には思い出せるとちょうどいい。その調整が睡眠による人生の区切りだ。

朝起きて、夫と娘たちに囲まれて朝食をとる。そんな、すがすがしい朝が幸せだと言う。

「娘に言われました、『お母さん、最近、反応よくなったね』と。

私が、『それ、どういうこと?』って聞いたら、娘は、『お母さんって呼んだら、すぐ振り向いてくれるからだよ』と言っていました。

そう言えば、私、お母さんって呼ばれるのが嬉しいのかもしれない……」

家族と同じ時間が流れるようになり、家族と心がつながった。彼女は被虐待の世界からこの世に戻ってきた。そして、お母さんになった。

（2）私には過去がない、それを返してほしい

私に過去がないのはなぜ？

「私には過去がない、それを返してほしい……」

最初のカウンセリング（五〇分のセッション）の時に、私が、「今日はどんな相談で来られましたか」と聞くと、彼女はいきなりそんなことを語り始めた。

細田日登美さん、五二歳である。

「気持ちがとても不安定です。なんで生きているんだろう、どうして生きてきたんだろうといつも考えています。これまで何度かうつ病と言われて薬を飲みました。でも元気にはなりませんでした。自分が誰なのか分かりません。自分の昔を思い出せません。

私には過去がないんです。

昔を思い出せるもの、記憶の手がかりになるものがほしいです。もしそういうものがあるのなら、私に返してほしい。

私は小さい頃、あちこち引っ越しました。小学校で三回、中学校で一回、高校でさらに二回。私に過去がないのはそのせいと思っていました。

でも、大学生の時、私と同じように何度も引っ越した友だちの話を聞いて、私に過去がないのは引越しのせいではないと分かりました。彼女には引越しのそれぞれの場所に思い出があったのです。『どこそこでは友だちと遊んだ。あの頃はお母さんと隣町のスーパーによく買い物に行った。部活で走った河原の土手には、タンポポが咲いていた……』と、彼女の話を聞いていると、一つ一つの記憶が時間の中に並んでいて、現在の彼女のところまでつながっていたのです。私とはまるで違うと思いました。

私の記憶に残っているのは、引っ越した先の地名だけでした。その地名も思い出そうとするたびに順番が入れ替わったりしています。

私に過去がないのは、なぜなのでしょう。

時計の文字盤、針と針の間に吸い込まれるようなブラックホールがあって、私はそこからフワッと出てきて、いつかまたそこにフワッと消える。誰も気がつかない。その上を、何事もなかったように針が通り過ぎていく。

メキシコからアメリカに不法侵入して、国籍も社会保障番号も持たずに人々の中にまぎれて働く人々の話を読みました。見つかると本国に強制送還される彼らは、ディポーティ（deportee: 追放された人）と呼ばれるそうです。そんな存在が私に似ています。誰にも自分の正体を言えない、言わない。アメリカ人のふりをして生きている。

でも、本当は私はそういうメキシコ人とも違う。彼らはメキシコに送還されれば、そこに故郷があって、待っている家族もいる。私にはそれがない。だから、私は彼らとも違う異邦人です。

それが私のアイデンティティかもしれない。すごく寂しいし、落ち込んでしまいます。

過去がないから、未来もない。テレビのインタビューで未来を語る人を見ました。私はその語られる未来を聞いていませんでした。『ああ、この人には過去があるんだな。うらやましいな』とだけ、そう思いました」

彼女は、話し続けている。

「二年前に、一人娘が結婚して出産しました。娘が大切に持っていた母子手帳を見ていて、自分の母子手帳はどうだったんだろう、もしかしたら何か過去がつながるかもしれないと思って母親に電話したら、

『そんなものあったっけ。覚えていない』と、サラリと言われました。

ああ、この軽さなんだ、私の存在感……。

どこを探っても、自分のことが分からないのです」

五〇分はあっという間に過ぎていた。私は最後に感想を返した。

「細田さんは自分がいるのかいないのか、分からないのですね。過去がないというのは、そういうことでしょうか。

何か大きな問題を抱えているのですね。内容から推測すると、小さい頃からの家族の問題かもしれません。少しずつ気持ちをまとめていきましょう。何が原因だったか、きっと見つかると思います」

私に自我同一性はあるのだろうか？　大学ノートに綴った疑問

二回目のカウンセリングの時に、彼女は古い大学ノートをもってきた。

そして、また語り始めた。

「自分が誰なのかを知りたくて、大学では心理学を学びました。『アイデンティティの確立』というのに興味を持ったのです。もしかして私に欠けているのはこれかもしれないと、大きな期待をもってエリクソン（一九〇二―九四年・アメリカの発達心理学者、精神分析家）を読みました。最後まで読み終わって、分かったような気持ちになって満足しました。

でも、私は納得していなかったと思います。当時は分からなければいけないような気持ちになっていただけでした。今ならしっくりきていなかったと分かります。

先週、大学院時代のノートを引っ張り出して見ました。それは何度見てもまぎれもなく私の書いた文字でしたけれど、どうしても確信は得られず、だれか違う人が書いたような気持ちが消えませんでした」

彼女が私に見せたノートには、几帳面な字で76、77ページのようなことが記載されていた。

そのノートの最後には、赤字で次のように書かれていた。

「◎社会的アイデンティティが欠けている状態でも、実存的アイデンティティは確立できるのか？

◎時間的な自己の一貫性のないもの（＝過去のない人間‼）に、空間的一貫性はありえるのか？

◎幼児期の基本的信頼が不十分なままだと、思春期の自我同一性の確立はどうなるのか？」

彼女はノートを指し示しながら、その赤い字だけは、なぜか、まぎれもなく私の書いた文字だと思うと言った。

「ああ、私がいたんだ、とその時に初めて自分の過去を見つけた気がしました。赤い字の最後に書かれた疑問符『？』が精一杯の私だったのだと思います。あの疑問符は過去の私です。そして、今の私です。

でも、その過去の私と今の私は、点と点のつながりでしかない。あの時考えた人が

○一方、こういった社会的自我とは別に、あらゆる社会的役割から離れている自我、実存的な存在形式（私は私以外の何者でもなく唯一無二の存在であるという意識）によって自己認識する自我がある。

→ 「実存的アイデンティティ」、実存的自我。

○アイデンティティの時間・空間要素

第一に、明瞭な自己意識が、過去から現在までの時間的連続性に支えられ、幼少期からの自分と現在の自分が同一の自己であるという記憶の一貫性に支えられている「自己の一貫性」（時間的一貫性）と、

第二に、自分は他の誰でもなく自分として生きる他はないとする「自己の独自性」（唯一性・空間的一貫性）。

……

……

◎社会的アイデンティティが欠けている状態でも、実存的アイデンティティは確立できるのか？

◎時間的な自己の一貫性のないもの（＝過去のない人間!!）に、空間的一貫性はありえるのか？

◎幼児期の基本的信頼が不十分なままだと、思春期の自我同一性の確立はどうなるのか？

○アイデンティティとは、「自分は、何者か？」という自己への根源的な問いかけへの答えである。自我同一性とも言う。その確立は、青年期の発達課題。

○アイデンティティは、他人とのつながりのない孤独な状態では確立することはない。他者との相互作用や社会的な活動による属性（国家・民族・言語・帰属集団・職業・地位・家族）、つまり、自分が他人や社会からどう見られているかという関係の中で確立される。具体的には母親や父親、兄弟、友人、教師などと対人関係を結んでいくことによって、その積み重ねの中で自分を相対的に認識しながら自我（＝社会化された自己）を発達させていく。「息子（娘）としての自分」、「男性（女性）としての自分」、「生徒としての自分」、「部下や同僚としての自分」など、さまざまな社会的な関係の結節点にある「人」が自己であり、それらの役割を引き受けた何者かが自己である。

○社会的自己・役割をもう一度見直し、取捨選択して統合した人格的同一性を形成することが青年期の発達課題である

→ 社会的な自己＝自我としての「社会的アイデンティティ」、社会的自我。

私、それから時間が消えて、またここでつながった。同じ疑問が続いていて、結局、何も答えを見つけられないまま来ました。その間の自分はいなかった。今、自分がいるのかどうか分からないけど、赤い字を書いた自分と読んだ自分はいるな、と思いました」

二回目のカウンセリングの前半は、こうして終わった。

後半に、彼女は小さい頃の母親の話をした。叩かれたこと、無視されたこと、放っておかれたことなどを断片的に語った。

聞き終わって私は、「それは虐待だったですね」と感想を返し、母子関係が異常だったことを説明した。それから、過去がなかったり、アイデンティティが曖昧なのは虐待を受けたせいだと思うと付け加えた。

彼女は私の説明を黙って聞いていた。何の反応もなかった。そして、そのまま第二回目が終わった。

私が「いない」ということが、「いる」ことだったんだ

三回目のカウンセリング。

「この前のカウンセリングは、ショックでした」

そう彼女は言って、沈黙した。その言葉は、私への恨みのようにも聞こえた。

それから、今度は冷静な口調で話し始めた。

「この歳（五二歳）になって、長い間持ち続けてきた疑問が解けました。

私がカウンセリングを受け始めたきっかけは、何度も繰り返すうつ病でした。でも、前回のカウンセリングでそれはどうでもよくなりました。

先生は、こう言いましたよね。

『あなたには普通の〝アイデンティティ〟はないかもしれませんね。

アイデンティティ、自己同一性というのは、ノートにも書いてある通り、社会の中で自他ともに認めるその人の生き方や考え方です。あなたは、虐待を受けてきたので、社会的な自我は十分には育っていないと思います。小さい頃に親から認めてもらえないと、子どもは自分を認めることができません。自我が育たないのです。

あなたは、ずっと宙に浮いたような感覚で生きてきたのかな……自分では分からなかったと思いますが、それはそれは大変なことだったと思いますよ。人の何倍か苦労して、何倍か緊張して、社会の中で〝普通に〟人とつながろうとして、人に合わせて生きてきたんでしょうね』

先生は淡々と、そんな決定的なことを私に言いました。

『虐待』、『自我がない』、『宙に浮いた存在』、その三つの言葉がはっきりと頭に残りました。

帰り道で、私は何度も一人でつぶやいていました。

『いない』ということが、『私がいる』ということだったんだ。

そうだ。いない、ということが、いる、ことだったんだ……。

いない、ことが、いる……。

気がついたら駅を通り過ぎて、知らない商店街に迷い込んでいました。

それから一カ月、ずっと考えていました」

前回までどこか亡霊のようだった細田さんの語り口は消えて、彼女の口調はハキハキとしていた。

「私は今、五二歳。細田日登美という名前です。

小さい頃、この私はどんな女の子だったかな、と想像すると、それが見えてくるようです。私がヒューッと小さな女の子になります。すると、止まっていた時間が見えます。そして、いない女の子が見えました。『いない』ということが、『私がいる』ということだと分かりました。そして、ああ、初めて今、私はここにいるんだと感じました。それから、自分のことを『おかしな人間』、『外れた人間』と思えるようになれました。寂しいと感じたけど、それでしっくりした感じがしました。よかったと思います。

思い出しました。

小学生の時の母の日、図工で紙と針金を使って赤いカーネーションを作りました。

その時に、先生が言いました。

『家に持って帰って、お母さんに分からないように隠しておきましょう。そして日曜日になったら、お母さんにプレゼントしましょう。お母さんがびっくりしたり、喜んだりした顔をよく見てきてね。来週の絵の時間は、そのお母さんの顔を描きますよ……』

みんなは嬉しそうにその話を聞いていたと思う。

私は、そこにいたけど、いなかった。

カーネーションは持って帰らなかった。途中で分からないように捨てた。あの人に渡しても、『なんだ、こんなもの！』と言われるだろうし、機嫌が悪ければ叩かれる……。

小学生の時、ずっと私はみんなと一緒に同じ教室にいたけど、いなかった。それがありありと分かりました。いない人間のアイデンティティ（自我同一性）があるはずがない。長い間の疑問が解けて、すっきりしました。何か心のどこかで笑みがこぼれたような、軽くなったような、変な感じがします」

歴史、すなわち連続した意味のある時間が存在の条件

小学校の時の図工の時間、カーネーションを作って母親にプレゼントするという意味を、細田さんはみんなと共有できなかった。だから、物理的には図工の教室に一緒にいたが、心理的にはそこにいなかった。彼女には社会的存在がなかったのである。意味が共有できないと、過去は生まれない。なぜなら、その人が持っている過去とはその人の歴史であり、歴史とは他人と共有できる意味を持った出来事の連続だからだ。

例えば、「○○小学校を卒業した」と言う時、そこの先生、友だち、校舎が意味を持っていればそれは歴史になる。この場合の意味とは、先生にほめられた、先生に嫌われた、友だちと遊んだ、けんかした、成績が悪かった、よかった、図工で一緒にカーネーションを作った……などである。

もし人と心理的なつながりを持つことがなく、ただ○○小学校に六年間在籍したというだけでは、卒業生名簿に同姓同名で似た顔の子の写真が載っているだけで、小学校はその人の歴史にはならず、その人の過去にはならない。

虐待を受けて育つと、人とのつながりを持てないままに時間を過ごすので、意味は積み重ならず、その人の歴史は生まれず、過去は消えていく。

さらに、その時代や社会の歴史ともつながりを持てなくなる。

例えば、高校生の時、ビートルズが流行ったという社会の歴史があっても、それに夢中になっていたか、あるいは、目を背けていたかは別にして、一緒に味わった人々とのつながりがなければ、社会の歴史もその人の中には積み重ならず、高校生、一九七〇年代、ビートルズは同世代の人々には共通の歴史なのに、その人にとっては三つバラバラの事実であり、歴史でも過去でもない。

自分がいる（存在する）という確信は、第一に、同じ空間で他の人々とつながっていることから生まれ（社会的存在）、第二に、自分が生きてきたという過去も、他人と共有していることで補強される（自己の時間的一貫性）。多くの人が生きている普通の世界は、このような空間（社会的存在）と時間（過去）、つまり、時空がみんなと共有されている世界である。

一方、被虐待者が生きている世界は、普通の世界と時空がつながっていない。それはたった一人の世界で、みんなが生きている共有された時空の外側に不安定に存在している。

いるけど、いない。私は透明人間

さて、人と人とのつながりができて、「自分がいる」という当たり前の感覚（確信）

ができあがる時期はいつ頃かというと、小学校に上がるよりもずっと前、生まれ育った家庭にまでさかのぼる。

クリニックに通っていた別の女性、岸本侑子さん（三七歳）が次のようなことを語ってくれた。

「母がどういう気持ちでいきなり怒り出すか分からない。機嫌がいい時もあるけれど、いきなりパーンとひっぱたかれることもある。だから、どのあたりに距離をおいて暮らしていたらいいのか分からなかった。呼ばれたらすぐ行かないといけない、でも、あまり近くにいると何かの拍子に『餌食』にされる。だから、私は幼稚園の頃に『透明人間』になることに決めた。

家の中で、私はいるけど、いない。

私の居場所はなかったし、私はいなかった」

この世に生まれて、右も左も分からない子が、自分が「いる」と確認できるのは、周りの大人に認められてである。その最初の大人は、ほとんどの場合は母親である。

「侑子ちゃん」と自分の名前を呼ばれて、ああ、自分のことだと確認し、「このプリン、美味しいね」と声をかけられて、自分の口の中に広がる柔らかくて甘い味覚を母親もまた感じているのだと、感覚を共有する。この感覚の共有を通じて、人は人とのつながり、すなわち、自分が「いる」ことを確認する。

自分は侑子ちゃんと呼ばれる女の子、自分はプリンが大好きな女の子、から始まり、ついで、幼稚園では「活発な子」と言われる子で、絵本が好きな子であり、○○小学校の三年生の時に……と、母とのつながりを土台にして、社会的な人とのつながりが広がる。これが社会的なアイデンティティとなって、思春期に到り、エリクソンの言う「自我同一性」として結実する。

しかし、侑子ちゃんには母親との感覚の共有はなかったし、自分がどういう子かを認めてくれる大人はいなかった。

「侑子！」と呼ばれた時、それは彼女を確認してくれる言葉ではなく、彼女の存在を否定する言葉、何か文句を言われて叩かれる、その始まりの言葉だった。緊張と恐怖を呼び起こす言葉を介しては愛着は生まれない。彼女は、家、学校、社会の中でいつも宙に浮いている存在、透明人間だった。

岸本さんはこうも話した。

「カウンセリングを受けて、自分が小さい頃に母から何の愛情も受けてなかったことを知った。だから、自分が消えてしまいそうだったのだと分かった。分かってよかった。

生まれてからずっと『消える』とか『自殺』という言葉が襲ってきて、脳をむしばんできた。三七年、その言葉を抹消できないできた。今度こそ、その言葉を抹消したい。

自分を確認できるのは他人とのつながりがあるから、それがないと、自分が消えてしまう。

これから人とつながれるようになれば、自分が消えるとか、自分を見失う、ということは起こらないはず。そう思えるようになった。少し明かりが見えてきました」

（3）社会的存在ができあがる仕組み

社会的存在であることが、あなたが「いる」ことを保障している

人が自分が存在していることを疑わないのは、人とのつながりの中である役割を引き受け、日々それを確認し、維持しているからである。

その役割は無数にある。家庭では父親として、母親として、きょうだいとして、子どもとして、学校では生徒として、学生として、会社では社員や上司や部下や同僚として、通勤電車の中では無名の一市民として……などである。

仮に百個の役割があるとして、それらをすべて引き受けているのが自分である。百個の役割は外から規定されているものでもあるし（引き受けざるをえない）、自分が規定しているもの（自分で望んだ）でもある。また、その役割のいくつかは本当は返上してしまいたいものであったとしても、ここでは問題ではない。百個の役割を自

分の納得のいくように調整し、互いの役割の間で整合性を持たせているのが「自分」という存在である。

社会的関係によって存在が保障されているということを、例をあげて考えてみよう。あなたが生まれてからずっと、富士山の麓に住んでいるとする。小さい頃からあなたは毎朝起きて富士山を見る。いつも変わらぬ富士山がそこにあることで、自己の一貫性が確認できる。

もし、ある朝起きてカーテンを開けると富士山が消えていたとしたらどうなるだろう。

まずあなたは、自分の目を疑う。まじまじと目をこらして見る。間違いない。次いで、自分の記憶を疑う。もしかして昨晩は自宅とは違うところで寝たのかと考えるのだ。部屋を見回して窓の位置を確認して、自宅であることを確認する。間違いない。すると、これは夢だろうかと、現実そのものを疑う。それらすべてが疑問に答えてくれないと、最後にはあなたは自分自身を疑う。自分は自分なのか、と。

ここで分かることは、変わらぬ存在である富士山によって、あなたは毎朝自分の存在を確認し、自分が保障されてきたということだ。その富士山がないことで、あなたは自分の存在に疑問を感じ、とまどっている。

そこに母親が現れて、「おはよう」と声をかけてくれる。

「そうなんだよ、昨日の夜かららしいけど、急に富士山が消えてしまって日本中が大騒ぎだよ」と、母親が言う。「ＮＨＫのニュースでも実況している。自衛隊がヘリコプターを飛ばして空から確認しているらしい。米軍の偵察衛星にも調査を依頼しているって……」。

それを聞いて、あなたはほっとして自己の存在を取り戻す。ああ、自分は間違いなく、「いたんだ、いるんだ」、「消えたのは私じゃなくて、富士山だ」と。

この時点で明らかになるのは、自己の存在を〝信じ込ませていたもの〟は、実は富士山ではなく、家族や人、社会とのつながりだったということだ。たとえ富士山が消えても、社会とのつながりがあれば、あなたの存在は保障される。こうして私たちは、社会的存在であることを日々確認して自己の存在の一貫性を保っているのである。

感情と規範が共有されて社会的存在ができあがる

あなたの存在を保障してくれる社会的なつながりは、あなたの「存在」のほぼすべてである。それ以外にあなたはいない。それは幸せなことだ。なぜなら、あなたは自分の存在を疑わなくてもすむからだ。

社会的存在がどのようなプロセスを経て、揺るぎないものになっていくかをたどってみよう。一部はすでに述べたこともあるが、もう一度最初から説明する。

社会的存在を作り上げるには、その前提として、心の中に安心を定着させる二つの要素が必要である。安心が存在継続の土台である。

第一の要素は、「感情の共有」である。これは、人と同じ感覚や感情を持っているという体験から生まれる安心である。富士山を「きれいだね」と言い、「そうだね、きれいだね」と返してもらうと、私たちは人と同じ物を見て、同じことを感じているという安心感が得られる。この感情の共有がないと、人は孤立する恐怖に襲われて動転し、一時《いっとき》も存在できなくなる。

第二の要素は、「規範の共有」である。これは、共通のルール（規範）を持ち、互いにそれを守っているという安心感である。例えば、ルールを破った者がいたとする。他人からお金をだまし取ったというニュースがテレビやラジオで流れる。すると、アナウンサーも、その背後の社会も、家族も、知人たちも一緒になって、「ひどい人がいるね」と言い合える。これによって、私たちは規範の共有を確認し、安心するのだ。

この「感情」と「規範」の共有が、心に安心を与え、人とのつながりを維持している。その上に、私たちは様々な「役割」を引き受けて安定した社会的存在となる。

感情と規範がどのようにして共有され、安心が定着していくのか、人の成長を追って見ていこう。

［第一段階］愛着関係が感情と規範の共有を作り上げる

感情と規範の共有に、決定的な役割を果たすのが母子の愛着関係である。

それは、母親が子の気持ちを我がことのように感じる心の動きから始まる。この身体的な基礎は、母親が子の感覚に共感していることだ。

赤ちゃんがお腹を空かして泣く。母親は、子の空腹を我がことのように感じる。母親がおっぱいをあげると、赤ちゃんが満足して笑顔を見せる。すると、母親も満足して自然と笑みがこぼれる。これが母子間の感情の共有の始まりだ。同じように、赤ちゃんがうんちをして泣く、気持ち悪いだろうと母親が共感してオムツを替える。すると、母子がすっきりしてともに満足できる。離乳食を経て、母親と同じ食事をするようになって、この関係は進む。

「お魚、美味しいね」、「うん、美味しいお魚だね」。

こういった「感情の共有」が、子どもに母親と一緒にいる安心感と、自分が生きている実感を育んでいくのだ。

ついで、「感情の共有」が規範（ルール）を共有する土台になる。

例えば、子どもが寒そうにしているとする。それを母親は自分の寒さのように感じるので、「寒そうな顔をしているね」と声をかけてセーターを出す。すると、子どもは自分の居心地の悪さが「寒い」と表現するものだと理解し、分かってもらえたことに安心し、セーターを着て満足する。

この中で、子どもは「寒い」という言葉の意味を覚え、寒さに対処するセーターという生活ツールの意味も理解する。感情の共有の上に、事物の意味が共有される。ついで、「今日は寒くなりそうだから、セーターを着ていきなさい」と、生きるための規範が子に通じるようになる。

感情を共有しながら、親は子に生き方のルールを教える。ご飯の前に手を洗うのよ、お風呂に入って着替えるのよ、寝る前に歯を磨くのよ、ちゃんと宿題をやるのよ……である。やがてはそれが社会的なルールの理解へと広がる。

あらためて愛着関係を定義すると、次のようになる。

① 子どもは社会的・精神的発達を正常に行うために、母親（か、それに代わる少なくとも一人の養育者）と親密な関係を維持し、感覚と感情を共有し、安心を知る。

② 安心を土台にして意味を共有し、言葉と生活を理解し、規範を身につける。この基本的な大人－子ども関係（通常は母子関係）を愛着関係と言う。

③ 成長するにつれて、子どもの理解は、家の中での約束事から社会の中での過ごし方、対人関係の持ち方、法律や規則の理解へと広がり、やがては社会的規範の全体ができあがる。

［第二段階］思春期の自我の確立

こうして確立された社会的存在は、思春期に到り、一度揺れる。生まれてから親に言われるままに感情と規範を共有し、「社会的存在」を引き受けてきたが、果たしてそれでよかったのか、鵜呑みにしてきた役割は自分が望むものだったのか、教えられたルール（社会的規範）は本当に正しかったのか、と自問自答し、自分とは何かを考え直す。それが思春期であり、反抗期である。

数年間に及ぶ感情の再吟味や、怒りや喜びの調整、役割の再検討、再調整、教えられた生き方の拒絶、再受容、諦め、新しい解釈と理解を繰り返し、最後に、「自分とはこんなものか」と思えた時に、アイデンティティ（自我同一性）が確立される。親から離れ、社会の中で自立し、社会的存在が完成するのだ。

その時には、愛着関係の中で共有されてきた感情は、より一般的な人に対する信頼感となって完成する。学んできた生き方のルール全体は社会的規範（倫理、道徳、規則、法律などの人との約束のすべて）として完成し、内面化される。

内面化というのは、規範を自分の中に持って、それに自ら従うということである。信頼感（感情の共有）と社会的規範の内面化（規範の共有）の二つが心の中に完成して、社会的存在が確固たるものとなる。

思春期を乗り越えて、成人期の心理発達を遂げたのである。

（4）異邦人――〝社会的存在になれなかった被虐待者〟

安心を共有できない異邦人の心性

被虐待者に共通に見られる心理的な特徴から、私は彼らを異邦人と呼んだ。

彼らは、他の大多数の普通の人と同じ社会の中に生き、その社会の共通のルールである「社会的規範」を理解し、それを守って生きている。しかし、他人と感情を共有できないために、安心を知らず、人を信頼できていない。たとえて言えば、彼らは別の星で生まれ育ち、地球で生活するためにやってきた。社会のルールを詳しく教え込まれたが、心の交流の仕方がまだ分からないので不安で孤立している。そんな異星人のようである。

彼らの成長をたどってみよう。

[第一段階］愛着関係を持てなかったため、感情も規範も共有できない

被虐待者は、母子の愛着関係を持てなかった。母親と共感した体験がない。美味しいものや楽しいこと、生きるルールを教えてもらったことがない。

お腹が空いて泣く。気まぐれな母親がおっぱいをくれる時もあるが、長い間放っておかれることもある。うんちをしても、母親の反応はその都度違っている。赤ちゃんの中で、自分の空腹という不快な感覚、泣いて不満を訴える行為、満腹になって満足という一連の感覚・感情がつながらない。母親との共感を通じて、それらを確認することができないのだ。それゆえに、自分の感覚や感情はバラバラで、「生きている」という実感が希薄になる。

寒さにふるえていても、「寒そうな顔をしているね」と声をかけてもらえないので、寒いのか、普通なのか、これは重要なことなのか、そうではないのかが分からず、「寒い」という共通の言葉やセーターの意味が曖昧になる。

保育園・幼稚園、小学校に進んでも、感情を他人と共有できないから、普通は人との関係性の中で作られていく「自分はどんな子なのか」という自己像ができあがらない。

彼らは家庭の中で生き方のルールを教えてもらえなかった。そこは親の気まぐれで動く世界、ルールのない世界だったので、幼稚園や学校に上がっても、しばらくは集団行動に馴染めない。自力で社会のルールを理解していくしかない。小学校高学年頃までにそれをやり遂げるが、しかし、「感情の共有」と一体になった理解ではなく、ただ頭での理解なので、ルールの理解は安心にはつながらず、いつも守るべき義務として彼らを縛る。

［第二段階］思春期（＝反抗期）がなく、いきなり大人（成人）になる

普通の人は親の元で成長し、思春期になって親から精神的に自立する。一方、異邦人は最初から親とつながっていないので、彼らには思春期（＝反抗期）はない。子どもの頃から自立している。いや、孤立している。

心理発達の順番を述べると、普通の人は、乳幼児期→学童期→思春期→成人期と発達していくが、異邦人は乳幼児期→成人期へと、二段階に発達するように見える。

こうして彼らは感情を共有できずに生き、社会的規範は守っているが、その対価である安心や信頼を知らない。だから、社会的存在にはなりきれず、孤立した、不安定

な存在のままで、自分がいるのか、いないのか、いつも疑問である。

解離性障害は、自我同一性（社会的存在）の一時的な停止

自我同一性＝社会的存在を理解するために、「解離性障害」という精神疾患を取りあげて説明する。

解離性障害は、心理的な異常事態が続いた時に起きる疾患である。それは受け入れがたい恐怖や精神的苦痛、絶望に直面した時に、自我を守るために発動される防衛機制の一つである。恐怖を感じないように自我を消してしまうとか、あるいは、受け入れがたい情動や感覚を一時的に分離して自我を保存する……などと言われる。

身近な体験から類推すると、大きなショックを受けて、「ボーッとして何も言えなかった」、「ショックでしばらく我を忘れていた」などという時、それは解離に近い精神状態だと思っていいだろう。

国際疾病分類第10改訂版（ICD-10, 1990）には、解離とは、「過去の記憶、同一性と直接的感覚の意識、そして身体運動のコントロールとの間の正常な統合が一部ないしは完全に失われた状態」と記載されている。

難しい言い回しだが、これは次のように読む。
①「過去の記憶、同一性」とは、今まで生きてきた自分の歴史的一貫性と自我同一性のこと、つまり、それまで生きてきた「いつもの自分」のことである。
②「直接的感覚の意識と身体運動のコントロール」とは、目の前の現実に向き合った時に、自分が感じること、それに対して自分が行動することのコントロール（自由）である。
この二つの間の「正常な統合が、一部ないしは完全に失われ」るのである。受け入れがたい現実に直面して、過去から続いてきた「いつもの自分」が一時的に崩壊し、いつものように感じなくなり、いつものように動けなくなることだ。

過大な精神的なストレス、例えば、いきなり犯罪の被害者になったり、大災害に巻き込まれたりしたら、どんな人にも解離が起こりえる。その前後の記憶がまったく失われてしまったり、ある期間、いつもとは違う人格のように振る舞ったりする。

一方、異邦人は二つの理由によって解離性障害を起こしやすい。

第一の理由は、彼らはもともと自我同一性が確立されていない（社会的存在が不安定な）ために「いつもの自分」が壊れやすいからだ。第二の理由は、彼らは犯罪被害とか大災害に遭遇することに匹敵する大きなストレスを心にかかえているからだ。それは小さい頃の被虐待体験の恐怖である。普段はそれを意識の外に追い出して、思い出さないようにして社会に適応している。しかし、何かのきっかけでその恐怖を思い出させるような現実に直面すると、恐怖が再現して（フラッシュバック）過大な精神的ストレスとなる。

いつもの自分がいなくなった五時間／記憶にない三日間の旅

解離性障害の事例を紹介する。二八歳のある男性の話である。

彼は一人暮らしをしていたが、二五歳の頃に解離が頻発して精神的に混乱してしまった。当時、解離による異常行動を幻覚妄想状態と判断されて、ある病院で統合失調症の診断を受けていた。その診断を疑問に思った人にすすめられて、彼は私のクリニックにやってきた。

当時、彼はリストラで職を失い、再就職のために面接を受けていた。そこで彼は解離した。

緊張のあまり、面接の前日から眠れなかった。

彼は三人の面接者から、つぎつぎと質問された。

「なぜ前の仕事を辞めたのか、辞め方が中途半端じゃないか、自己都合じゃないのか」

「辞めてから半年も何をやっていたのか」

「どうしてうちの会社を選んだのか。本当にやる気はあるのか」

などである。

厳しい口調の面接だった。いわゆる圧迫面接である。

その途中から、彼は記憶を失った。

気がついたら、見知らぬ駅の改札に立っていた。右手にはカバン、左手には見覚えのない買い物袋を持ち、中には本と食料品が入っていた。

「今日は面接に出かけたはずだけど……」と、彼は自分の記憶を探った。今、ここにいる自分と朝からの記憶とがつながらなかった。

彼は目の前の駅名を確かめた。路線図を見上げて、面接に行ったはずの駅名を見つけ出した。財布の中を探って出てきたレシートには「○○マーケット、△店」と印字されていた。その「△店」のある駅も見つけ出した。レシートに印字された時刻と路線図から彼は自分の行動を推測した。面接会場から出て五時間くらいが経っていた。面接が終わって買い物して、今、ここにいる、らしい。

厳しく詰問された「圧迫面接」の中で彼の中にわき起こったのは、小さい頃に父親から受けた虐待の場面だったのだろう。それを助けることもなく無関心に見ていた母親もいた。恐怖の体験がよみがえり（フラッシュバック）、彼はいつもの自分を保てなくなって解離したと考えられる。

解離性健忘の五時間であった。その間、彼はまったく「いなかった」。

もう一つ、別の例をあげる。三五歳の男性の報告である。彼もまた元「被虐待児」である。

彼は、東京の下町の小さなアパートに一人で住んでいた。三日間の記憶喪失の後、気づいた時、彼は札幌の路上にいた。手には旅行カバン。その中に着替えと洗面用具と不思議な一本の「ひも」があった。

東京から札幌までどういう経路でやってきたのか覚えていない。カバンについていた航空会社のタグを見ると、空路やってきたようだった。

ひもをじっと見つめているうちに、彼は、自殺しようと思ってこれを持ってきたらしい、と確信した……。何かがあって、死のう（消えよう）と思って旅に出たのだ。数日間、いつもの自分を失って旅をしていた。

このような行動を解離性遁走という。

犯罪被害とか大災害という明らかなストレスを経験していないのに解離性障害を起こしている人がいたら、私はまずは幼少時の激しい身体的虐待や性的虐待を疑う。

存在と外界の知覚が揺れる離人症

異邦人の曖昧な存在感について述べる時に、「離人症」や「現実感喪失」という症状は外せない。

これらは解離性障害と近縁の精神症状である。精神科の教科書には必ず記載されている。しかし、これが独立した「病気」かどうかは専門家の間でも意見が分かれるようだ。

解離性障害は、その人の「いつもの自分」が一時的に消えてしまう事態である。自分に戻った時には、自己の存在が一時的に断絶していたことが分かる。

一方、離人症には存在の断絶はなく、「いつもの自分」と連続しているが、いつもの存在が曖昧になり、自分がいるような、いないような、半分自分が消えているような状態になることである。

「精神障害の分類と診断の手引き」第4版（DSM-IV, 1994）によれば、離人症は、「自分が自分の精神過程または身体から離れて外部の観察者になったかのような自己の知覚または体験の変化」と定義される。

その症状は、①自分は自分なのかと疑問に感じる自我体験の変化と、②見ているものがいつもと違うようだという外界知覚の変容の二つである。

これに近い精神状態は、誰でも一度や二度は体験したことがあるであろう。

例えば、風邪をひいて熱を出してベッドに横たわっている時などに、ふと天井を見上げると、何かいつもの自分とは違うような不思議な気持ちになっている。今見ているのは本当に住み慣れた我が家の天井なのかしら、何かいつもと見え方が違うような……（外界知覚の変容）、その天井を見ている自分は自分じゃない自分のような、いつもの自分がいないような（自我体験の変化）、そんな感覚である。

異邦人は社会的存在が不安定であるから、もともと「いつもの自分」があやふやで、自分の存在が頼りない。そのために離人症を起こしやすい。日常的に起こしている人もいる。

自我体験について、彼らは次のように語る。

「自分にはいつも生きている実感がなく、何かふわふわしている」

「自分が自分でないような気がする」

「自分が昔から存在していたのかどうか確信がない」

などである。

また、外界知覚の変容については、以下のような言葉を口にする。

「自分と外の世界との間に分厚いガラスがあって、それを通して周りを見ている。音はインターホンを経由して入ってくる。それはまるで映画のスクリーンを見ているようだ。私はもちろん映画の出演者ではないから、その中に入っていくことはない。たとえ誰かが私に話しかけてきても、応えているのは私ではなく、私の顔をした誰かだ」

また、自分とそれを観察する自分とが分離して、自分から離れて自分を観察しているという感覚が起こることもある。自分の体から自分が抜け出す体験（体外離脱体験）である。

日常的な体外離脱体験

ある四一歳の女性の話である。

彼女は、四、五年前から慢性的な全身の痛みと疲労感、抑うつ感が続いていた。あちこちの内科、外科、脳外科、整形外科、精神科を受診していろいろな診断を受けた。慢性疲労症候群、繊維筋痛症、筋筋膜性疼痛症候群、視床痛症候群、心因性疼痛、うつ病……などである。薬は鎮痛薬、筋弛緩薬、抗うつ薬、抗けいれん薬、ビタミン剤、漢方薬を飲んだ。体の治療も、マッサージや気功、鍼灸などいろいろ試したが、どれも効かなかった。

その治療の最初の頃、彼女はこう訴えていた。

「小さい時からずっと、私を上から見ている子がいる。私が殴られている時、泣いている時、苦しんでいる時、悲しんでいる時、その私をずっと見ている。何人もその子がいた。そして、その子が何人も死んだ。

体中が痛い。私は動けず、一日中寝ていた。ペットボトルに水を入れて、それだけは飲んでいた。寝返りを打つにも体が痛い。動けないので、このまま自分を放っておいたら孤独死すると思った。

枕元でケータイが鳴っていたけど、ああ鳴っているな、で終わってしまう。苦しんでいる私を、その子は今日も天井から見ている。ベッドの中で苦しんでいる自分の姿が見える。私は私を俯瞰している。

その子を頼りにして、私は生きてきたような気がする……」

彼女はまた、こうも話した。

「今までは、人生はテレビを見ているみたいで、コントロールできた。見たくないものはスイッチを切るか、切れなければボリュームを下げた。そうすれば、目の前に動画が流れ、私はただ眺めているだけですんだ。親の望んでいない自分は『処分される』と思ってきた。自分がいなかったので、私と家族と家の周りの風景はすべて客観的だった。

だから、私は周りに興味がなかった。興味がある振りはできるけど、根本的に興味がない。

『なんでそんなに冷静に淡々と話せるのか』と、よく人から言われる。

私は逆に、なんでみんなそんなに熱心に人生を語れるのかと思っていた」

受け入れがたい現実、つながりたくない現実から逃れるために離人症が起こる。あるいは、前向きに生きていこうとする「主体性」が途切れる時にそれが起こることもある。

自分（自我）と外界は通常は一体不可分であるが、それが何かで分離する。

カウンセリングと心身の深い休養とによって、一年後に彼女の疼痛は消えた。原因は不明のままだった。しかし、彼女の心身の過緊張状態の緩和と痛みの改善とが並行していたことから考えると、ストレスが原因の全身疼痛だったように私には思えた。

(5) この地上には異なる二つの世界がある――心理カプセルの内と外

虐待を受けて育った人たち、被虐待者（私は彼らを異邦人と心の中で名づけていた）、彼らの話を聞いていて、私は次第に自分が生きている世界と、彼らの生きている世界とはまったく違うのではないかと思うようになった。

同じ物を見ていても、それに異なる意味づけをしていれば、物は違って見えているはずだ。

例えば、赤い花を見る。美しく可憐な花、それを摘んで部屋の一輪挿しに生けたいと思う人と、実はその花には人を殺すほどの猛毒があると知って見る人とでは、赤の意味はまったく異なる。真実がどちらにあるにせよ、同じ赤い花は、異なる赤い花である。

物に意味を与えるのは、私たちの心である。その心の有りようが異なると、物は異なる。

同じように、世界に意味を与えるのは私たちの心である。その心の有りようが異なると、世界は異なる。

異邦人と「普通の」人との存在感の違いについて、これまでいくつか述べてきた。「消えたい」と「死にたい」という死生観の違い、人生の幸せに対する態度の違い、時間感覚の違い、自我同一性や社会的存在の違いなどである。これらは心の有りようを決める大きな要素である。それが異なるということは、生きている世界全体に対する意味づけが根本的に異なっているということである。だから、同じ世界を見ていても、まったく違う世界である。

異なる心に対応して、世界の見え方だけが違うのか、世界自体がまったく異なるのかは、ここでは証明できない。私と彼らは、同じ世界に生きているようでありながら、まったく異なる世界に生きている。

地球上には、だから、二つの異なる世界があることになる。その構造を私なりに述べると、次のようになる。

世界の構造は、二つの異なる世界にさらに宇宙を加えた三つの要素からなる。これらは三つの円を重ねた同心円になっている。

同心円の一番内側の円にあるのが、多くの人が住んでいる「普通の世界」である。読者のほとんども、そこに住んでいる。その外側の円には、私も含めて多くの人が知らない世界がある。「普通の世界」の外側に帯状にある世界だ。ここでは「辺縁の世界」と呼ぶことにする。さらにその外側に「宇宙」がある。

内側の二つの世界が、心の有りようによって異なる二つの世界である。

①一番内側の普通の世界に、私たちは生きている。

②その周りの辺縁の世界に、異邦人（被虐待者）が生きている。

この二つが地上にある二つの世界だ。

③その外側には広大な宇宙が広がる。

一番内側の「普通の世界」は、私たちが「この世」と考えているものと心理的にはぼ同じ内容の世界である。多くの人が、それがすべてだと信じて疑わない世界だ。そこは、辛くなったら「死にたい」と思う世界であり、毎日、そこそこの幸せを感じ、それを他人と比較して生き、自分が「いる」という社会的存在を確信している世界である。感情と規範の共有があって、安心が保障されているので、「心理カプセルの内側」と言ってもいいだろう。

その外側にある「辺縁の世界」は、被虐待児が生まれながらにはじき出され、孤立して生きざるをえなかった世界である。そこは、疲れた時に「消えたい」と思う世界であり、逆にまた、人生の幸せを他人と比較せずに、そのままに感じられる世界だ。しかし、自我や社会的存在は曖昧で、自分が「いる」ことをいつも疑問に思っている世界だ。辺縁の世界は、「あの世」ではないが、私たちが死後の世界はあるのだろうかと考えたり、ファンタジーの中でパラレルワールドを考え出したり、あるいは、もしかして私は本当に生きているのかしらと哲学する時に、「普通の世界」と対比させる世界だ。

そして、これら二つのさらに外側にある「宇宙」は、文字通り現代の宇宙物理学が取り扱う、一三八億年前に誕生したと（現時点で）言われている宇宙だ。宇宙には時空が停止してしまうブラックホールがあったり、時空を超えるワームホールがあったりするらしい。私たちが想像できない世界なので、たぶん、地上の二つの世界とはまったく異なる心理学が必要なのだと思う。もちろん、そこは本書では取り扱えない世界である。

これから、三重の同心円の内側の二つをもう少し詳しく分析していこうと思う。私が生きている世界、あるいは生きていると思い込んでいる「普通の世界」＝心理カプセルの内側と、その辺縁を取り囲むように存在するもう一つの別の世界、「辺縁の世界」の二つである。

二つの世界の境界は、鮮明である。しかし、私を含めたほとんどの人は、生まれてからずっとその内側だけに生きてきたので、境界は見えない。外側に見えるのは宇宙だけである。一方、生まれた時から普通の世界からはじきだされて、辺縁の世界に生きてきた彼らは、その境界が見えている。彼らにとっては、内側に多くの人が生きている安全な世界があり、孤立した彼らの世界の背後には宇宙がある。

異邦人と出会って、二つの世界があることを知ってから、私は、自分が生まれてからずっとそれがすべてだと信じてきた世界は、実は小さな世界だったと気づいた。心理的なカプセルの中に閉じ込められてきたのだとさえ思った。

一方、その心理的なカプセルの恩恵も、またはっきりと理解できた。心理カプセルは内側に住む私たちの心を守ってくれる。その中では、心は悲惨な出来事や、解決のつかない恐怖と向かい合うことがなく、信頼と愛情を確信して生きていける。だから、人生の一番の恐怖である死そのものも、心理カプセルの中では制限された意味を与えられている。様々な理由でカプセルの中で望むべき人生を生きられなくなった時に、人は死にたいと思う。

死とは、肉体的には生命活動の停止であり、心理的には心理カプセルからの離脱である。

例外的に、普通の人であっても一時的に心理カプセルの外側にはじきだされてしまうことがある。それは心的外傷後ストレス障害（PTSD）や解離性障害として現れる。

二つの世界を知ると、私たちが当たり前と思っている普通の世界が相対化される。実は世界は私たちが知っている以上に、もっと広く、心の可能性には制限がない。

第三章 児童虐待とはどういうものか

この章では、児童虐待の分類や重症度について述べる。

児童虐待は、一般的に新聞やテレビで報じられていることと、実際の現場で見聞きし、理解することとの間に、大きな落差がある。報道と現場での見解の違いは、どんな分野でも多かれ少なかれあるものだが、虐待問題に関してはそれが大きい。

私も以前は児童虐待(事件)の情報はマスコミ経由だけだった。今思えば、書かれている記事にどこか違和感を感じることはあったが、あらためて考えることはなかった。しかし、子ども家庭支援センターや児童相談所で事例検討を行うようになって、現場からこの問題を見るようになると、その違和感の理由が分かった。

違和感の理由は、事件の背景に精神科医にしか見えないだろう事実が隠されていたことだった。

当たり前のことだが、人は自分の人生経験から事件を推測する。虐待の原因を考えようとする時に、自分が育ってきた親子関係や家庭環境がその判断の暗黙の基準となっている。つまり、「普通の」目で見て事件を解釈する。それが違和感のもとだった。

例えば、あなたが友人から、「この間、親子でひどい言い合いになって、娘は怒って自分の部屋に入って出てこなかった」と聞かされたとする。その時に想像する現場の状況は、およそ九〇パーセントの家庭では当たっているだろう。例えば、けんかの後、母親はぶつぶつと不満を言いながら、居間でテレビをつけて、いつしかそれに引き込まれていく。娘はベッドにバタンと横になり、クッキーをもぐもぐ食べながらケータイをいじり出して、母親のことは忘れてしまう……などである。しかし、数パーセントの家庭では、まったく想像を絶することがその時に起こっている。九〇パーセント以上の普通の家庭と数パーセントの普通でない家庭との間には、深い溝が横たわる。

虐待問題は、普通の人の経験から導き出される推測や想像力が通用しない。

これに加えて、私は大人になった被虐待児（者）の心理的な治療を行うようになって、さらにいっそう児童虐待は普通の人には理解しにくい問題なのだと、思うようになった。

（1）虐待かどうかの、二つの判定基準

虐待？　それとも母親の暴発？

叩く、殴る、蹴る、投げる、振り回す、突き落とす、窒息させる、タバコの火を押し付ける、熱湯をかける、押入れに閉じ込める、長時間家の外に閉め出す、家から出さない、長時間正座させる、立たせる……これらは「身体的虐待」と言われるものの内容である。

これらのうち、「叩く」とか「殴る」だけを見ると、どの家庭でもありえることのようにも思える。

「カッとなって子どもを叩いてしまった……」、「あまりに言うことを聞かないので、ガツンと頭を殴ってしまった」などである。

子どもを叩いたことのない母親はいないであろう。

それは虐待なのだろうか？

実際に、保健センターや子ども家庭支援センターなどに、自分がやっていることが虐待じゃないかと不安になって相談に来る母親もいる。

「子どもを叩いてしまいました。私のやっていることは虐待でしょうか」

自分から相談に来る母親に虐待の事実があることは、まずない。それは私の経験則だ。だから、そんな質問には、たぶん違うだろうな、と思いながらも、一応詳しくその「暴力」の内容を確かめる。

最近起こった二つくらいの「暴力行為」を取り上げて、その始まりから終わりまでの経過を詳しく聞き取る。それから、私が結論を伝える。

「それは虐待ではないですよ。お母さんのただの『暴発』です」

ホッと安堵の表情が、母親の顔に浮かぶ。

その反応を見て、私は自分の下した「虐待なし」との結論にさらに確信を加える。なぜなら、自分の暴力を反省し、虐待ではないと言われて安堵する、そのようなごく普通の心理的な反応を持っている母親には、虐待という「異常心理」は起こりえないからだ。

私は虐待があるかどうかを判断するために、次の二つの側面から事態を考える。まず第一は、実際の虐待内容の継続性や異常性の検討である。第二は、これは虐待内容以上に重要なポイントであるが、その時の母親の心理状態の評価である。

次の（2）で、虐待内容の継続性と異常性について検討し、（3）で、虐待をしてしまう母親の心理状態について考えてみよう。

（2）虐待の継続性と異常性——虐待判定　その1

児童虐待の五分類

児童虐待というと、まずは先にあげた身体的暴力や監禁などが思い浮かぶが、虐待はそれ以外にもある。内容によって、以下のように四つに分類（「児童虐待の防止等に関する法律」二〇〇〇年）されている。

（i）身体的虐待
（ii）ネグレクト（養育放棄）
（iii）心理的虐待
（iv）性的虐待

この四分類は、児童虐待防止の活動をする人たちの間でも広く使われているものである。

私はこれに加えて、

（ⅴ）心理的ネグレクト

を入れて五分類としている。私が（ⅴ）を加えているのは、虐待の本質を理解する上で不可欠だと思うからである。詳しくは後ほど述べる。

繰り返すが、一時的な親の「暴発」や「逆上」と虐待とはまったく異なり、明らかな一線をその間に引くことができる。しかし、一般には「親の暴力＝虐待」と誤解されている。正しい理解をするために、少し詳しくなるが、虐待とは何かを順番に述べていこう。

まず親の暴発的な暴力と虐待とを分けるものは、その内容の継続性や内容の異常性である。

（ⅰ）身体的虐待

述べたように、身体的虐待とは、叩く、殴る、蹴る、投げる、振り回す、突き落とす、窒息させる、タバコの火を押し付ける、熱湯をかける、押入れに閉じ込める、長時間家の外に閉め出す、家から出さない、長時間正座させる、立たせる、などである。

身体的虐待の継続性

身体的虐待には一時の暴発とは異なる継続性がある。数カ月、数年の継続性である。それが、あるか、ないか、を見分けるために、専門家は次のように情報を整理していく。


保育園から子ども家庭支援センターに、被虐通報（被虐待通報）が入った。

「通園している園児に傷やアザがあります。虐待ではないかと心配になり連絡しました」という内容である。
①まず、その傷の内容について詳しく聞き取る。
「どこに傷やアザがありますか？」

「今朝、顔に擦り傷があったのでよく見てみたら、腕と足にも傷とアザがありました」

「手足のアザは何カ所くらいですか？　皮膚の色はどうですか？」

「右足に三カ所、左足に四カ所で、アザの色が古いのと新しいのとが混じっていました」

と、ここまで聞いて、一つ一つの傷アザはそれほど重症ではないが、継続性があることがはっきりする。

「傷かアザに気づいたのは今回が初めてですか？」

「いえ、三カ月前に右腕に傷があったことがありましたが、その時は他の箇所は調べませんでした」

数カ月以上にわたって継続的に傷アザがたえない、と推測できるので、虐待の疑いが強くなる。お腹や背中、髪の毛の中はどうだろうかなどと考える。

②ついで、子の保育園での様子を聞くと、心の傷が見えてくる。その子の名前を呼んだ時の反応はどうだろうか、笑顔を見せるだろうか。食事は安心して食べているだろうか。他の園児との交流はどうか、一緒に遊べているだろうか、自己主張はできているだろうか。

有益な情報を得るために、私はベテランの保育士さんに次のように聞くことが多い。

「その子は他の園児と違うところがありますか？」

保育士さんの評価はストレートで分かりやすい。「他の子とはちょっと違います。緊張が強いです」、「一人ぼっちでいたり、なにかおどおどしています」。

③最後に、一番重要な情報、母子の様子について聞くと全体が見えてくる。「ママの姿が見えると、その子は緊張するようです……」などである。母親については次の節であらためて述べる。

身体的虐待の異常性

異常性というのは、継続性はなくとも、たった一回でもあったら虐待を強く疑わなければならないものである。

例えば、子どもを後ろ手に縛ってひもで吊るした、頭をつかんでお風呂に沈めた、タバコの火を押し付けた、寒い冬に裸にして二時間ベランダに立たせた、子どもが血だらけになって玄関の前で泣いていた、などである。

カッとなった時の母親の一時的な逆上（暴発）では起こりえない暴力である。あざでも手首にひもで縛った跡であれば、異常である。

身体的虐待の異常性が確認できれば、母親の聞き取りはしなくても「虐待あり」の判定を下すのであるが、母親の心理状態が「どう異常か」を知ることは、子どもを守るために重要だ。

（ⅱ）ネグレクト（養育放棄）

ネグレクト（養育放棄）とは、子どもであれば当然してもらえるはずの養育を親が与えていないことを言う。食事を与えず放置して子どもの通常の成長（身長・体重）を阻害したり、長い間、家の中に一人にさせておいたり、物置に閉じ込めたり、乳幼児を車の中に放置したり、病気なのに病院に連れて行かなかったり、である。

ネグレクトの内容は、子どもの成長につれて変化していく。

年齢ごとのネグレクトの例

乳児期であれば、ミルクをもらえないので体重が増えない、オムツを替えてもらえないので皮膚がただれている、離乳食をもらえないまま、出ないおっぱいを吸っている、下痢をして発熱しているのに放っておかれる、などである。

標準の身長・体重の増え方を表すグラフ（成長曲線）と、その子の実際の成長とを比較すると分かりやすい。ネグレクトがあれば、子どもの体重増加が止まって、正常の曲線から外れてしまうからだ。標準からマイナス２ＳＤ（標準偏差）が危険ラインで、継続的なネグレクトがある可能性が高い。

学童期になると、ネグレクトは違う形で現れる。

例えば、家ではご飯をもらえないので、一日一食の給食だけで生きている。その子はいつも給食をガツガツ食べて、他の子のあまりももらっていた。いつも同じ服を着ていて、真冬になっても薄着のままでいる。明らかに異常な事態である。

小学校一年生のある男の子は、朝、具合が悪いと親に言っても「学校に行けば治る」と家を出されてしまった。保健室の先生が熱を測ったら三九度もあった。学校から親に迎えにくるように連絡したが、「用事があるから」と来てくれなかった。

この例は、異常性が二重に明らかである。まず、熱に気づかないこと、ついで、連絡しても親が迎えに来なかったことである。一度でもこういうエピソードが確認できれば、ネグレクトの可能性は高い。

ある女の子は、小学校の就学時健診まで一度も健康診断を受けたことがなかった。その時になって初めて、先天性の足の異常が発見された。親はまったく気づいていなかった。

思春期に近くなると、ネグレクトを受けてきた子は自分で自分を守るようになる。例えば、高校の学費を出してもらえなかったので、夕方からバイトをして卒業した生徒がいた。彼女は授業中はいつも寝ていたが、なんとか卒業できた。その子の家庭は特に貧困だったわけではない。親は自分たちの遊びにはお金を使っていた。

中学校の修学旅行の積立金を、自分で稼いでいた子がいた。自分を高校生と偽ってアルバイトをしていたのだ。積立金のことが親にばれて、「ウチの子は修学旅行は参加しません」と連絡されて、お金も取られてしまった。

(iii) 心理的虐待

親が子を無視したり、著しく拒絶的な態度をとり続けて子どもを心理的に追い詰める。著しい暴言や脅かしを繰り返し、子どもの心理的状態に重大なストレスを与えることである。

また、他の兄弟と著しく差別的な扱いをすることや、子どもの目の前で夫婦間の暴力を見せるなども心理的な虐待にあたる。

継続的な心理的虐待は心に大きな傷を蓄積していくが、目に見えない傷なので、普通の人には想像もつかない。専門家であっても見逃してしまうことがある。

心理的虐待を受けた子の異常行動に気づく

思春期の女子生徒が、こんなことを語っていた。

「親からは言葉の暴力だけだった。だから、人に分かってもらえない。それを体で表現すれば何度も全身が血だらけになって、何度も骨折をしていた。でも、それは目に見えないし、残らない。殺人未遂は刑法で罪になるのに、言葉で人を殺そうとしても、何も問われない」

しかし、この見えない出血は、姉からの暴力で現実の血となってもいた。

というのは、彼女は小学校三年生の時、頭に大きな怪我をして登校したことがあったのだ。学校は親に連絡を取ったが、姉とのけんかだったと分かり、それ以上は追及しなかった。

「あの時はハサミで頭を刺された」

姉から妹への暴力は日常的だった。親からの心理的な虐待は彼女にも姉にも向いていたが、姉に対してのほうがより激しかった。そして、姉の恐怖と怒りは自分よりも弱いものへと向かい、妹はストレスのはけ口となっていたのだ。

同じような心理機制で、虐待を受けている子は動物をいじめたり（殺したり）する。彼女も小学校低学年の時は、よく男の子をいじめて泣かせていたという。でも、高学年になってからは、止めた。そんなことをすると先生から嫌われるし、自分にとっても益はないと分かったからだ。

幼稚園や学校で、子どもとは思えない異常な言動をしたり、弱い者いじめがあったら、要注意である。その子を注意するだけでなく、異常性の背景を読み取ることが必要だ。

親の異常な言葉に気づく

小学校二年生の女の子が、母親に叱責された。

「まったくだめな子だね。言うこと聞かないと素っ裸にして男に売っちゃうよ」

翌日、女の子は学校で先生にそのことを話した。先生やスクールカウンセラーは、「親がそんなことを言うのか？　ひどいな……」と、最初はその内容に異常なものを感じる。しかし、そのうちに、「親がそんなことを言うはずはないだろう」と、自分たちが住む世界の常識で判断を下し、無意識のうちに異常性を否定してしまう。

虐待は異常な世界である。そこで語られる言葉は、平和な日常の中の言葉とは異なるので、理解されない。

被虐通報（被虐待通報）の中に、現場で「泣き声通報」と呼ばれているものがある。子どもの泣き声と叱責する親の怒鳴り声が絶えない、虐待じゃないか、という通報である。そういう場合は、頻度（継続性）とともに、親がどんなことを言って怒鳴っているかという内容（の異常性）を知ることが大切だ。

小さい頃から心理的虐待にさらされていると、言われていることが「当たり前」になってしまって、子どもには脅されているとか、否定されているという自覚がない。しかし、心理的虐待は、子どもの自我、自尊心、自己愛に深く大きな傷を作る。その傷は、小学校に上がった時や思春期に達した時、さらに、大人になって働きだした時などに、生活のストレスが加わると、一気に吹き出してくる。そして、力つき、緊張の糸が切れて、心のバランスが壊れる。精神的に混乱したり、錯乱したり、理由も分からないまま動けなくなったり、人が怖くなって外に出られなくなったり、会話ができなくなったり、原因不明の疼痛を訴えたり、執拗な消化器症状が続いたりする。最後には、普通の日常生活が送れなくなる。

クリニックで、うつ病や摂食障害の診察をしていて、どうしても理解できない症状が混在していることがある。そんな時に、虐待による心理的な傷が見えてくる。

(iv) 性的虐待

性的虐待は程度や継続性の問題ではなく、「ある」ということだけで一線を越えた重度虐待(重症度四以上)に当たる。

親が子どもに性的行為を強要したり、性的な関心で体を触る、見る、親や親の知人が子どもにわいせつな行為をする、させる。性器や性交を見せたり、子どもをポルノグラフィーの被写体などにすることなどがある。

性的虐待は家族の中で隠されているために、周りは気づかない。心理的虐待以上に発見は難しい。子どもの普通と違う行動、発言に敏感でなければならない。例えば、成人男性に必要以上に気を使う、こびる、性的な関心が強い、大人と二人だけになるのを怖がる、お父さんや同居する男性の話をするとおびえるような態度を見せる……などである。

性的虐待の被害者は、それを語らない。それを匂わすだけの言葉であることが多い。

「五年生の時に、お父さんに胸を触られた」

診察の中でそう語った女性がいる。それ以上は何も語らなかった。短い沈黙の後に、話題は他のことに移っていった。

この短い発言の中に、何が読み取れるか。

もちろん第一に、父親からの性的な虐待、それも一度だけではないであろう。それから第二に、それに気づかなかった母親のネグレクト、つまり、二重の虐待があったことである。

性的虐待を受けた子は、思春期頃から解離性障害を起こすことが多い。また、成人してから性的な被害を受けたり、ＤＶ（配偶者間暴力）の被害者にもなりやすい。

以上、虐待の四つの種類について述べた。これらは児童虐待防止法に定義された虐待である。

先に述べたように、私はこれら四つに、次の「心理的ネグレクト」を付け加えて、虐待の種類を五つにしている。

（V）心理的ネグレクト

心理的ネグレクトとは、親が子どもとの間に愛着関係を作れず、その結果、子の心理的発達が阻害されることである。つまり、愛着関係の不成立＝心理的ネグレクトである。

心理的ネグレクトを付け加えた理由は、法に定められた四つの虐待があれば、それには必ず心理的ネグレクトを伴っているからである。つまり、すべての虐待の背景にあるのが心理的ネグレクトである。

例えば、身体的虐待があれば、その背景に、親は子の身体的、精神的な痛みに無関心で、子の気持ちを読み取れないという心理的ネグレクトがある。他の三つ、ネグレクト、心理的虐待、性的虐待もしかりである。

一方、心理的ネグレクトだけがあって他の四つの虐待は見られないこともある。心理的ネグレクトだけを見ると、具体的には、子どもに声をかけない、子どもが甘える気持ちに気づかない、子どもが落ち込んでいたり喜んだりしていても無関心である、子どもが悩みを相談しても内容をくみ取れない、子どもが泣いていてもいたわる言葉をかけられない、子どもが喜んでいても一緒に喜べない、などである。

例をあげて、「ネグレクト（養育放棄）」と「心理的ネグレクト」とを比較してみよう。

三九度の熱があっても親がそれに気づかず、病院に連れて行かないのがネグレクトである。一方、病院に連れては行くが、まったく心配してくれないのが心理的ネグレクトである。黙って医者に診せて、黙って連れ帰ってくる。「大丈夫かい、つらくないか？」という声かけがない。

十分な食事を与えないのがネグレクト。一方、食事を与えても「美味しいかい？」とか「お腹いっぱいになったかい？」とか聞こうともせず、餌を与えるかのように食事を出して、子どもの気持ちに無関心なのが心理的ネグレクトである。

修学旅行の積立金を出してくれないのがネグレクト。言えば出してくれるが、言わないとスルーされてしまうのが心理的ネグレクトである。

以下に紹介する女性は、幼少時に四つの虐待はなかった。心理的ネグレクトが単独で見られた例である。

自分から発信できない二七歳の女性

瀬戸美佳さん（来院時、二七歳）は、心理的ネグレクトが原因で「妄想性障害」になってしまった。一時は、統合失調症と間違えられるほどに重い症状になった。

彼女は、小さい頃からいつも一人で遊んでいた。絵本は持っていたが、母親が一緒に読んでくれることはなかった。一人で絵本を読み、描かれた絵をじっと見ていた。内容は理解はしているが、聞かれたことがないので感想はなかった。また、楽しいか、嬉しいか、美味しいか、まずいか……と聞かれたこともないから、言ったこともない、思ったこともない。自分の感情が分からない。

その彼女が、母親に連れられて私のクリニックに来た。彼女はまるでお姫様のようだった。美しい顔に穏やかな笑顔を絶やさず、私の質問に一つ一つ丁寧に答えた。その横で同じように上品な受け答えをする母親は反応が鈍く、幼い印象の女性だった。

彼女は、一流大学を卒業して会社に勤めた。

一般事務をしているうちは、問題はなかった。むしろ言われたことを的確にこなしていた。その仕事ぶりを買われて企画部に転属した。

そこでは打合せや交渉ごとが多くなり、自分で決めなければならないことも増えていった。すると、彼女は次第に孤立するようになった。なぜかというと、言われたことはできるが、自分から発信ができない彼女は、同僚や上司とのコミュニケーションが途切れてしまったのだ。仕事の中で自分の位置が見えなくなった。さらに、仕事の暗黙の了解や同意、グループの共通の理解にもついていけなくなって、職場の人間関係から浮いてしまった。

「えっ、どうしてあれやってないの?」との何気ない同僚の言葉を聞いて、「もしかして私だけ知らされてないのかしら?」という不安となり、「例の連絡入れておいてくれた?」という上司の言葉を彼女は理解できず、どう連絡すべきだったのかしらと悩み、孤立した。しかし、彼女は、その疑問を同僚や上司に質問して解決することはなかった。そういう方法は知らなかった。

次第に膨らんでいく孤立感と被害感は、ある日、ついに妄想にまで発展した。

「知らないうちに公安警察が動いている。私は監視されている。繁華街を歩いていると防犯カメラが次々とリレーしながら私を追いかけてくる。どうして私のプライバシーを追いかけるのだろう。そんなことしてほしくない」

監視の目が自宅にまで及んだと思い込んだ彼女は、カーテンを開けなくなった。会社を休み、暗い部屋に引きこもった。

「怖い……」と漏らす娘を、母親は事情も聞かずに精神科病院に連れて行った。そして、彼女は統合失調症の診断を受けて三カ月入院し、退院後、私のクリニックにやってきた。

被害妄想の内容は、確かに統合失調症のそれに似ていた。しかし、彼女が私に語る口調は穏やかで、その内容は現実的だった。詳しく聞き取った後に、私は彼女の病態は「統合失調症の被害妄想」ではなく、「妄想性障害の被害妄想」だろうと診断した。前者が脳機能の異常（脳の代謝異常）から生じる、深く強烈で非現実的な妄想であるのに対し、後者は心理的なものに起因する比較的穏やかで現実的な妄想である。

被害妄想まで彼女を追い詰めた原因が、小さい頃からの「心理的ネグレクト」、つまり、愛着関係の欠如であった。

母親は人間理解の浅い人だった。炊事・洗濯・掃除と子育ては一通りきちんとできていた。だから「ネグレクト」ではない。しかし、心理的なケアができない母親であった。絵本を与えることはできるが、それを読み聞かせたり、子どもの感想を聞いてあげられない。ご飯を作ることはできるが、「美味しいかい？　美佳ちゃんはお肉が好きだね」と言ってあげられない。子どもが転んだ時に抱き起こすことはできるが、「おー、痛かったね。よくがまんしたね」と言わない。母親は娘を叱ったこともない。

心理的な交流がないと、子どもは自分が何が好きで、何が美味しくて、何をがまんしなくてはならないのかが、分からないままに育つ。

幼稚園で先生から「これは何色ですか」と聞かれれば、正確に「青です」と答えられるが、「美佳ちゃんは何色が好きなの？」と聞かれると、彼女は黙ってしまう。他の子は、「私、ピンク！」などと元気よく答えている。そこで彼女は、最初の孤立と疎外感を味わう。

彼女の母親は、軽度の知的障害だった。私が母親と面接した印象では、ＩＱが七〇から七五程度であろうと思われた。だから、その母親に責任はない。しかし、娘の心理的な成長をネグレクトしてしまったため、美佳さんは重い「生きにくさ」をかかえるようになった。

ネグレクトとも、心理的虐待とも異なる、心理的ネグレクトである。

(3) 虐待は愛着関係を作れない母親のもとで起こる——親の心理状態の評価

「普通の」家庭では虐待は起こりえない

虐待か否かを判断するために重要な二つ目の項目は、母親の心理状態の評価である。何を評価するのかというと、母親が子どもとの間に愛着関係を作る能力を持っているか、否かである。これは虐待の有無だけでなく、子どもを守っていくために大切な評価なのであるが、現場では意外と見逃されていることが多い。

母子の愛着関係が成立していれば、虐待は起きない。

なぜかというと、母親は子どもの痛み、苦しみ、辛さを我がことのように感じてしまうからだ。

子どもが怪我をして泣いていれば、母親は子ども以上にその痛みを感じてしまうので、わが子に暴力を振るい続けることはできないし（身体的虐待は起こりえない）、子どもが寒がっていれば母親はその寒さを感じてしまうから、自分の服を脱いででも子どもを守る（ネグレクトが起こりえない）。子どもがひどく落ち込んでいれば母親は自分の責任のようにそれを感じるから、「どうしたの」と声をかける（心理的虐待が起こりえない）。まして、女の子の尊厳を潰してしまう性的虐待が起こりそうであれば、母親は命をかけてでも娘を守る（性的虐待が起こりえない）。

だから、愛着関係が成立しているごく「普通の」家庭では、児童虐待は起こりえないのだ。そして、愛着関係はごく当たり前の母子関係なので、誰もそれが「ない」ことを想像できない。

これが、多くの人が虐待を理解できない最大の理由である。

しかし、愛着関係が成立していない家庭があるのだ。

愛着関係が成立しない要因はいくつかあるが、その中でもっとも多いのは、虐待をする母親・父親に何らかの精神的な障害がある場合である。具体的には、

①知的障害

②知的障害以外の発達障害のあるタイプ

③重度の精神障害などである。

（専門的な知識を持っている読者のために付け加えると、知的障害は軽度知的障害〜境界知能の領域である。中等度以下になると、妊娠の維持や、たとえ出産しても育児そのものができないので虐待も起こらない。また精神障害のうちで、うつ病性障害は、たとえ重度であっても虐待の原因とはならない。虐待が起こるのは統合失調症型人格障害などの場合である。）

親の発達障害・精神障害が原因で愛着関係を作る能力がないと、子どもの気持ちを読み取れず、子どもの痛みや寒さを感じ取れない。暴力をふるっても子の痛みを感じるブレーキが働かず、親の怒りのままに一方的で執拗な暴力となる。また、障害ゆえに親は自分の感情のコントロールができず、ちょっとしたきっかけで容易に爆発し、執拗な暴言・暴力にいたる（身体的虐待・心理的虐待）。

また愛着関係を作る能力がないということは、離乳食や適切なオムツ交換を理解する能力もないということなので、子どもの成長が遅れたり、子どもが高熱をだしたりしていても気づけないことになる（ネグレクト）。

私が虐待された理由——母親には知的障害があった

三七歳のある女性。子育て中の主婦である。

うつ病と言われて紹介されてきたが、診察すると、彼女は被虐待者だと分かった。その彼女が通い始めて二回目の時に、私は虐待の事実を指摘した。彼女は納得した。ついで第三回目の時に、彼女の母親が知的障害だったことを説明した。彼女はそれをよく理解した。そして、第四回目の診察の時に語ったのが次の内容である。

「前回の診察で、先生から私の母親が知的障害だと言われて納得がいった。最初、その時は、ガーンと何トンもの鉄で頭を殴られたようなショックだった。とてもイライラした。先生を恨んだ。でも、その後、急に心が軽くなってきて、家に帰って力が抜けてしまった。魔法が解けた。

『なんだそうだったのか、なんだそうだったのか……』と、そう自分で繰り返していた。

それから母のことがとても怖かったのだと思い出した。母のことを好きになろうとしていたけど、予測のつかないこと、理解のできないことをするので、怖かった。その母に合わせられない自分を責めてきた。

思い出したことがある。たくさんのことがぼろぼろ出てきた。

何も理由がないのに叩かれた。理由がなかったんだと思い出した。

小学校一年の時、友だちのお母さんがこれを先生に渡してねと、私に手紙を頼んできた。それを母親がかってに開けて見てしまった。子ども心にもそういうことをしてはいけない、と思った。学校で先生に渡したら、『これ誰か開けた？』と聞かれた。私は何も答えられなかった。

これも小学生の頃だったと思う。熱が出て母に連れられて病院に行った。寒い冬の夜だった。

母は『病気がうつるから』と、病院の外でずっと順番を待っていた。熱がある私も、もちろん一緒に外で待たされた。何か、ちぐはぐだった。それから診察が終わって家に帰ってから、母はもらった薬を私には飲ませなかった。『薬なんか体に悪い』と言っていた。

小学校五年生の時、母親が恋人の自慢をしていた。私には父親がいた。

最初にそれを聞いた時に、『えっ！』と思って、何でそんなことを私に話すの？と思ったけど、その時は、お母さんはもてるんだと思って、自分を納得させた。でも、今思い返すと『変だな』と思った私が正しかった。

本当にいろんなことを思い出した。あふれ出てきた。私の感覚って正しかったんだと、思う。

私の感情、私の気持ちは潰されてきた。分からないこと、不思議なことを理解しようとして、それで潰されてきた。分からない自分がダメな子だと責めてきた。ずっと自信がなかった。

叩かれたこと、髪をつかまれてひっぱり回されたこと、ご飯をもらえなかったこと、私が悪かったのじゃないと分かったから、もういい」

彼女の母親は軽度知的障害だった。一見しただけだと、身なりも会話も普通に見えるから、周りの人はあまり気づかない。でも、子どもは小さい頃からそれを知っていた。

「母親像に求めていたものを、あの人の上に重ねて求めていただけだった。それが混乱の元だった。今は二つが別々のものだと整理できたので、すっきりした。執着していたもの、いつか手に入るかもしれないと思っていたものを、もう求めなくてもいい。生まれてから三七年もあったのに、『あの人』とは心が通い合ったことがなかった。それを自分はクールな気持ち、覚めた気持ちで振り返っている。

父方の祖母、おばあちゃんには愛情をかけてもらった。祖母が、生まれたばっかりの私をお風呂に入れてくれている写真を取り出してきて机に飾った。それを毎日見る。私はこの人に愛されていたと思ってほっとする。

最近は、『あの人』の赤ちゃん（それは自分だけど）を自分が育ててあげたかったな、と思うようになった。あの頃、私はまだ何も知らずにこの世に現れて、得意気に『生まれてきてやった！』と思っていたんだよな、と思い出した。そんな小さな赤ちゃんを育ててあげたいと思う。

そう思ったら、心がじんわりした」

「それから、二〇代の頃、長くかかっていたカウンセラーさんに、母親のことを伝えようとしていたのを思い出した。

『本当に、私のお母さんは分からない人なんだ。一方的で、理解してくれないんだ』と私は話した。でも、伝わらなかった。

カウンセラーさんは、『親にきちんと怒りを向けなさい』とか、『話し合って、互いにぶつかり合いなさい』とか助言してくれた。そのカウンセラーさんは、普通の親子の葛藤として私の話を理解しようとしていたのが、よく見えた。どうしても私の気持ちは伝わらないと思った。私と『あの人』との間にはどろどろとした母子葛藤はない、あるのは、恐怖と無関心と、それらとは正反対の私が勝手に抱いた優しい母親像のファンタジーだけだった。そんな関係を分かってもらえるはずはなかった。何を言っても普通の母子葛藤という概念で理解されてしまう、ねじ曲げられてしまう空しさがあった。

そのカウンセラーさんは、普通の幸せな人だったんだと思う。

カウンセラーさんから、『親に怒りをきちんと向けなさい』と言われた時、それは私には『母親を愛しなさい』と聞こえて辛かった。ここに来て先生に、『それは虐待だったですね』と言われて、それが、『もう母親を愛そうとしないでいいんですよ』と聞こえた。楽になった。

『なんで？　ひどいじゃない、お母さん！』と言える普通の人の怒りは、母親への愛情なんだって分かる。私は母親に怒りを持てなかった。怒りだと思っていたのは恐怖だったし、怒りを向けられるほど、あの人は私を愛していなかった。

小さい頃に犬を飼っていた。いつも犬と話をしていた。犬は優しくすると私にすり寄ってきた。それが私の受けた愛着だったと思う。私はクロに支えられていた」

彼女はそう言って、涙を流した。

第四章
回復——一緒の世界でみんなと手をつなぐ

自分の存在の不確かさを知り、「いない」ことが「いる」ことだったと理解した異邦人（被虐待者）は、人生をリセットして新しい世界で歩み出す。彼らの回復は、同心円の一番内側、心理カプセルの中に入ることだ。それはみんなと手をつないで、その喜びと安心を感じて、一緒に暮らす世界だ。長い間、望んでも入れなかった世界に安住の地を見つける。そこで社会的存在を確立する。

しかし、彼らは外側の暗い世界を経験したので、同じ光にも感度は高く、光とそれを支える影の美しさも見えている。だから、みんなよりもずっと深く、柔らかく、明るい人生だ。

その彼らの生き方から普通の人は多くを学び、自分の世界の幸せを見直すことができる。

この章では、事例をあげながら彼らの回復の道筋を紹介する。

「回復」というのは、元通りのいい状態に戻るという意味なので、正確な言い方ではないかもしれない。しかし、生まれたままの人間が持っている「元通り」という意味で使うなら、間違っていないであろう。

（1）発達障害と誤診された被虐児、浩樹君の回復

大人なら、自分の存在が曖昧で社会の中で孤立していても、平静を装うことができる。しかし、子どもは自分がかかえた存在の不安定性を自覚できないし、コントロールもできない。だから、それがそのまま行動にでてしまう。

教室でいつも落ちつかなかったり、友だちとうまくつき合えなかったり、先生の注意が理解できなかったりと、不安定な彼らの行動には不審の目が向けられやすい。さらに、聞いてもあまりしゃべらない彼らは「変な子」と思われて、あげくに発達障害と誤診されてしまうことがある。

子どもの異邦人は、二つの異なる経路で私のクリニックにやってくる。

一つ目は、虐待通報にもとづいた被虐待児として、

二つ目は、発達障害を疑われた児童として、である。

いずれの受診の場合も母親の影は薄く、児童相談所の児童福祉司や、子ども家庭支援センター、保健センターの保健師、母子相談員、あるいは保育園、幼稚園、学校の先生たちが動く。

呼んでも笑顔を返さない浩樹君

ある日、子ども家庭支援センターの保健師と小学校のスクールカウンセラーに連れられて、小学校三年生の男の子が私のクリニックにやってきた。母親も一緒だった。

彼は学校でクラスに溶け込めず、授業についていけなかった。休み時間が終わっても教室に戻らずに一人で遊んでいたり、給食の前には決まってどこかに消えてしまい、みんなが食べ終わる頃に戻ってきて、ガツガツと一気に食べる。どこに行ってきたのかと聞いても答えない。

一年生の時に、発達障害を疑われた。担任は母親に特別支援学級（通級）の相談を持ちかけていたが、母親はそれを理解しなかった。困った校長先生が教育センターに相談し、センターの職員が何度も母親と話し合いをした。しかし、母親の意見が毎回変わって話が進まず、いつの間にか中断していた。

小学三年生になって、今度は子ども家庭支援センターに連絡が入った。センターの保健師さんが母親を説得して、ようやく今回の診察となったのである。

私は彼と母親にはしばらく待合室で待ってもらって、まず保健師さんとスクールカウンセラーさんから経過を聞いた。


彼の名前は梶田浩樹君。

子ども家庭支援センターの保健師さんが調べた彼の生育歴は、次のようであった。

保健所で乳幼児健診を受けた過去の記録を調べると、成長には問題なく、発達の遅れも指摘されたことはなかった。

ついで彼が通っていた保育園から聞き取った情報によると、いくつかのエピソードが浮かび上がってきた。その男の子は、保育園に通い出した頃から集団生活になじめず、いつも一人遊びをしていたという。先生が「浩樹くん」と優しく呼びかけても、彼は笑顔を返さなかった。

彼が園庭で転んで、ひざに擦り傷をつくった時のこと。先生が「浩樹くん大丈夫？痛くない？」と聞いたが、その時も彼は表情も変えずただじっとしていた。

しかし、彼に言葉が通じない訳ではなかった。絵を描くように言うと、周りの子がしているのを見ながら絵を描くし、言われたことはできるから、知的な障害はないと思っていたとの報告だった。

小学校一年の時、担任に勧められて母親と精神科のクリニックを受診した。そこでは「広汎性発達障害」（自閉症スペクトラム）と診断された。この時に、上記の特別支援学級の話し合いが行われたのだった。

私は保健師さんに聞いた。

「浩樹君のお母さんと会っていますよね」

「ええ、三回ほど会いました。私がご自宅を訪問したのが二回、一回はセンターに来てくれました」

「どんなお母さんですか？　やり取りをしていて理解はいいですか？」

「ええ……、それが実は……」と、彼女は少しためらいながら続けた。

「約束の日時を間違えたり、その日になって急に予定を変えたりで、いろいろ大変でした」

「変更の電話はどんなふうにありましたか？　具体的に一つ聞かせてください」

「ええ、その時はお母さんがセンターに来てくれる約束になっていたのですが、約束の一時間くらい前に電話で行けないと言ってきました」

「理由は言いましたか？」

「いいえ、最初はただ『今日は行けなくなりました』と一言、それで私がとまどって、ちょっと間があって、『分かりました。何か急用ができたんですね。またご連絡を差し上げていいですか』と言ったら、『ええ、これから出かけるんですよ』と言っていました。確か、なかなか取れなかったエステの予約がとれたからと言っていました」

「そうですか。その日は子どもさんの学校でのトラブルや発達の問題を話し合う約束だったんですよね」

「はい、そう伝えてはいたはずなのですが……」

「そういう重要な約束を断る電話にしては、理由が安易すぎますね」

「私もそう思いました」

「ちょっと言い方が悪いけど、『変なお母さん』ですか？」と、私があえてうち解けた口調で尋ねると、彼女は「ええ、そうです」と、我が意を得たりという顔をした。

それから保健師さんは、浩樹君の自宅を訪問した時の様子を話してくれた。

浩樹君は母親と二人暮らし。時々、別居中の父親が来ることがあるという。家の中は「ゴミ屋敷」同然で、台所からは異臭がただよっていた。入口から二間続きの奥の部屋に、やっと人が通れるような道があった。その隅で浩樹君は、ゲームをしていたという。

発達障害ではなくて被虐？

ついで、スクールカウンセラーさんが学校での浩樹君の様子を報告してくれた。

彼は授業中でも静かに座っていられない。それを先生に注意されると、教室から出て行ってしまう。

ある時、教室から逃げ出した彼の後について行ったら、校庭の隅で一人で遊んでいた。相談室に誘うと彼はついてきた。黙って見ていると、彼は相談室の本棚から一冊の本を取り出して読み始めたという。しばらく熱心に浩樹君は本を読んでいた。

「何分くらい？」と私が質問する。

「ええ、私が声をかけるまで三〇分以上だったと思います」

「そうですか。かなりの集中力ですね。多動性や注意機能障害はなさそうですね」

「そう思います」

「本の内容は理解していましたか？」

「面白いの？　何の本？　って聞いてみました。彼はきちんと説明してくれました。魔法をつかえる少年の話をしてくれました。実は私は、その本の内容を五年生の女の子と話したことがあって、知っていたんです。いじめられっ子を助けるために魔法をつかうんだとか、悪い大人がいて裏切られるとか、欺《だま》されるんだよとか、ちゃんと説明してくれました」

「そうですか。『裏切られる』とか、『欺される』ことの内容は正確に理解していましたか？」

「ええ、登場人物の動きや互いの関係も理解していました」

「なるほど、ということは、広汎性発達障害（自閉症スペクトラム）もないですね」

「そうなりますか、やはり……」

「それが誤診だとすると……被虐かな」と私がつぶやくと、思い当たる節があったのか、保健師さんが私のほうを見た。

それから私は、待合室にいた浩樹君とお母さんに診察室に入ってもらった。四人の大人に囲まれる形で、浩樹君は緊張して椅子に座った。

「こんにちは。初めまして、高橋です」と私が挨拶したが、彼はうつむいて何も答えなかった。

「えーと、梶田浩樹君ですよね。今日は梶田君が学校であまり元気がないというのでみんなが心配して、それで、ここに来てもらったのだけど……、浩樹君の話を聞いてもいいかな」

「……」

「今日、一緒に来てくれたスクールカウンセラーさんは知っていますか?」

「……」

彼は一言も答えなかった。

「○○小学校の三年生と聞きましたが、そうですか?」

この問いに、彼は初めてかすかにうなずいた。

「ここのクリニックは君の小学校からは遠いけど、こっちのほうまで来るのは初めてですか？」

今度は前よりも、もう少しはっきりとうなずいた。

私は、彼がうなずくだけで答えられるような質問を三つ、四つ続けた。次第に反応がよくなってきた。それから、

「浩樹君の家から小学校まではどのくらい時間がかかるの？」と聞くと、彼は小さな声で答えた。

「一五分」

「へえー、けっこう遠いね。一人で行くの、それともみんなと一緒に登校するの？」

「一人で行く……」

最初の緊張と緘黙《かんもく》、それからゆっくり、ほんの少しずつうち解けていく彼の様子から、浩樹君に広汎性発達障害（自閉症スペクトラム）がないことは、この時点でも確認できた。彼に知的な障害がないだろうことは子ども家庭支援センターの聞き取りから分かっていたので、この二点から、彼には発達障害のどのタイプにもあてはまらない、まったくの正常な男の子だと私はほぼ結論した。

それから、彼は次第に自分のことを話してくれた。家ではＰＳＰ（ゲーム機）でモ

ンスターハンターのゲームをする、鉄棒が得意、学校の給食は美味しいので毎日楽しみ……などである。

モンスターハンターの闘いぶり、場面の難しさ、怪獣をやっつけた時の嬉しさを彼は話した。そのゲーム内容の理解から知的障害がないことを再確認できた。また、彼がゲームの中でいだく感情とその表現から、広汎性発達障害がないことも再確認できた。

ゲームの話が嬉しかったのであろう、彼はそのゲームの最後の場面である、「終焉を喰らう者」という怪獣との対決の場面を得意そうに話してくれた。彼は笑顔を見せた。

発達障害と誤診される理由は二つ

被虐待児は、小学校低学年の時にしばしば発達障害と間違えられる。その理由は二つある。

第一は、親の問題から生じる。

親が子どもの面倒を見ない。ネグレクトである。そのため学校との連絡・連携がうまくいかない。例えば、運動会の練習で用意すべき物をプリントにして子どもに持たせる。しかし、それを親は見ない。用意できなかった子は、体育の時間にみんなと一緒に練習ができなくなってしまう。どうしていいか分からず、じっと立っている。そんなことが何度か続いて、子どもは、「適応の悪い子」、「変わった子」になっていく。そして、先生は「もしかして発達障害があるのか？」などと疑ってしまうのである。

第二は、その子の存在感の不安定性からくる問題である。

虐待を受けている子どもは親を恐れ、人を恐れている。だから、その子は保育園や学校で先生や友だちとうまくつきあえない。自分を認めてもらったことがないから、集団の中で自分の居場所を作れない。「いるけど、いない」存在感の中で生きている子は、普通に考えれば、ありえないようなちぐはぐな反応を見せる。それで発達障害を疑われてしまうのだ。

もしその子が養護施設などにいて、職員が詳しい行動観察をしていると、彼らは正当に評価されることもある。つまり、「反応性愛着障害」（疾病コード：ICD-10 F94.1）と診断されるのだ。これは虐待が原因で起こる子どもの不安定な行動と、特殊な心理状態をあらわす診断名である。しかし、この診断名は一般にはあまり知られていない。

使われることもまれである。

浩樹君のように一応は自宅から学校に通えている子、少しは適応できている子が被虐待児（反応性愛着障害）と正しく理解されることはあまりない。多くは「発達障害」を疑われてしまう。

浩樹君の不安定な反応や行動を、被虐待児の心理から推測してみると、次のようになる。

まず、浩樹君は家で何かをきちんと注意されたことがない。いきなり怒鳴られて殴られるか、いつまでも放っておかれるか、の二つに一つである。まして「ごめんなさい」と言って許された体験はないから、謝るということを知らない。すると、学校で先生に注意されても、それにどう反応したらいいのか分からない。彼が知っている大人に対する反応の仕方は、逃げるか、反抗するかのどちらかである。だから、彼は教室から逃げる。あるいは先生とぶつかる。

また、被虐待児はいつも一人で過ごしていたから、保育園でも一人遊びをする。それしか知らないのだ。保育園の先生が「浩樹くん」と優しく呼びかけても、彼は笑顔を返さない。叱られる時以外に自分の名前を呼ばれたことがないので、優しく名前を呼ばれた彼は、その意味が理解できずに固まってしまう。

転んでひざに擦り傷をつくった彼を見て、先生が「浩樹君、大丈夫？　痛くない？」と聞いた。その時も彼は表情も変えず、ただじっとしていた。彼は、「大丈夫？　痛くない？」の意味が理解できない。なぜなら、叩かれて「痛い」と言ったらもっと叩かれるので、痛いと言ったことがないからだ。まして自分で転んでできた傷は、痛いはずがない。それが彼の経験だ。だから、「大丈夫？」と聞かれても、何も返せない。

以上が、浩樹君の行動についての私の推測だ。

さて、後から分かったことだが、彼には確認癖があった。ランドセルの中を確認したり、下駄箱を何度も確認する。それで他の子より行動が遅くなる。ますます発達障害児らしく見えていたのだろう。被虐待児は不安が強いので、確認癖が見られることがある。存在の不安に由来する行動である。

しかし、「変な子」と思われても、彼らは生き延びる。彼らは強い。小学生になるまで、ずっと一人で生き延びてきたのだ。

だから、学校で孤立したり、発達障害を疑われたくらいではへこたれない。その力がいずれ彼らを回復させる。

つまり、小学校低学年で適応できなかった子も、高学年になると自然と学校に適応できるようになっていく。その頃までに、自力でこの社会で生きていくルール（規範）を学ぶのだ。そして、自分の家庭が特殊だったと理解し、学校は家とは違うルールで動いているのだと知る。一度ルールが分かると、彼らは「普通の」子以上に学校社会に適応する。なぜなら、ルール通りに動いている学校の中の人間関係は、自分の家の中よりもずっと分かりやすいし、楽だからだ。

低学年で発達障害を疑われた子が、五年生、六年生ではクラス一番の優等生になった例を私は少なからず知っている。

僕は「変わっている子」と言われていた

私は浩樹君の話を聞きながら、ある大人の異邦人を思い出していた。浩樹君と彼は一緒だ。

その大人の異邦人、坂田速人さん（三〇歳・男性）は三年前に友人からうつ病じゃないかと指摘されて、クリニックにやってきた。確かに、その時彼は疲れ切っていた。しかし、数回の診察で自分の生育の謎、つまり、母親に障害があって自分が虐待を受けていたことを知ってからは、彼のうつ病はきれいに回復した。

その彼が以前、話してくれた。

「小さい頃から、僕は『変わっている子』と周りからも親からも言われて、自分はそう言われないようにと、なんとかみんなに合わせようとして生きてきた。なんて疲れる生き方をしていたんだろうと、今は思う。

幼稚園に行っている頃からすでに集団生活ができなくて、『変な子』だった。意地悪をされたりしたけれど、親に解決してもらえなかった。小学校で、上級生の男の子にイジメられた時も、親に言えなかった。何かあっても、誰にも助けてもらえなかった。ますます孤立して『変な子』になっていった。

普通だったら、不登校になってもおかしくなかったと思う。でも、母親のおかげで不登校にならなかった。家にいて親に殴られるより、学校でいじめられるほうが楽だったからだ。学校にはルールがあるし、そのとおりにすれば、先生はほめてくれる。さらに美味しい給食も出てくるから、家よりずっといい。そうして小学五年生の頃には、僕はどうやったら先生や大人が喜ぶかを完全に理解した。先生が僕の味方になると、友だちからもいじめられなくなった。僕は優等生になった。勉強もへっちゃらだった。

昔だったから僕は『変な子』ですんだけれど、もし今だったら、小学校に入った頃に発達障害と診断されてアウトだったかな……。あの頃は、どうやって生きていいのか分からなかった。知りたい答えは誰にも聞けなくて、教科書にも書いてなかった。それで自分で見つけた。だから、完璧に演じられる。今、ふり返れば、ダブル・スタンダードだったけれど……」

この話をしてくれた坂田速人さんは、一年ほど通院して、人生を大きく変えた。最後の診察の時に、彼は、「母親のことを知って、僕の人生は反転した」と言った。

それから二年が過ぎたが、たぶん、彼は元気にしているだろう。そこそこダブル・スタンダードを使いながら、淡々と明るく人生を楽しんでいると私は思う。

自分で生き方を学び取る被虐待児

話を、小学三年生の浩樹君に戻そう。

その日、私は浩樹君にこう言って診察を終えた。

「今日は話を聞かせてくれてどうもありがとう。浩樹君の話を聞いて安心したよ。君はしっかりしているし、きちんとやっていけるよ。家はけっこう大変みたいだけど、まあ、よくやってきたと思う。とても偉いと思う。これからもこのペースで進んで行きなさい。君はとても頭がいいから、がんばってね」

彼は笑顔を見せて、うなずいた。

それから浩樹君と母親を診察室の外で待たせて、保健師さんとカウンセラーさんに結果を伝えた。

「広汎性発達障害（自閉症スペクトラム）はなく、全く正常な子どもで、むしろ知能は高い方でしょう。問題行動は被虐（被虐待）による不適応の結果だから、このままゆっくり見守って欲しい。彼が自分で解決していけると思います。可能ならば週に一回くらい、スクールカウンセラーが彼の話を聞いてあげられると、適応が早くなると思います。

一方、母親に対しては働きかけはしない方がいいでしょう。何かを伝えると混乱するでしょうし、子どものことでわずらわせると、かえって虐待がひどくなることが多いですから……」

子どもは、自分が虐待されているとは思っていない。しかし、この頃になると自分の家庭が普通の家庭とは違うと分かってきている。体感的に母親に頼れないとも感じている。だから、私が彼に伝えた、「家はけっこう大変みたいだけど、まあ、よくやってきたと思うよ」という言葉の内容は、彼には伝わっているはずだ。そして、過酷な家の中で生き延びてきた彼にとっては、学校で生きていくのは「へっちゃら」なはずだ。

それから一年後に、スクールカウンセラーから報告を受けた。四年生の彼はきちんと授業に出ている。給食当番もこなし、成績も上がってきたという。そして、とてもいい子になっているとのことだった。

被虐待児が生きていくのは人一倍大変だが、先の坂田さんのように、多くは小学校高学年頃までに、なんとか生き延びていく方法を学び取るのだ。

しかし、彼らが存在の問題を解決したわけではない。うまく合わせる方法を学んだにすぎない。存在の不安定性は心の底に保留される。その真の解決は、彼が大人になって自我同一性の問題に悩む頃になる。それは普通の人であれば一〇代の思春期に向き合い、解決する問題だが、彼らはもう少し時間がかかるし、もうひと山越えなければならないだろう。

浩樹君も、坂田さんと同じようにたくましくそれを乗り越えていく。

（2）生きる義務感を相対化する

がんばりと楽しみのつながりがないと、義務感が一人歩きする

社会的存在があることが、自分が「いる」ことの確信である。社会的存在とは、多くの人々（マジョリティ）と「感情の共有」と「規範の共有」を保って、日々安心を感じていることである。

人は社会の中で生きていくために、規範を守る義務を負う。義務を果たすことで人とのつながりを維持し、生活を維持し、社会が維持される。そして、それは「感情の共有」をより確かなものとして、日々の人生を楽しむ土台になる。

義務を果たすがんばり（＝規範の共有）と生活の楽しみ（＝感情の共有）、この二つは親から引き継がれるもっとも大切な事柄である。「がんばりと楽しみ」を子どもは

セットで教えてもらう。

小さい頃、子どもは親から義務を教えられる。洗面、歯磨き、お風呂、着替え、登校、宿題……などだ。それは、生きるためにこなさなければならない義務である。

それらをうまくクリアできると、親から「よくできたね」、「いい子だね」とほめられて、子は、「ここまでできればいいんだ」と達成感を知り、納得し、安心し、自信をつける。がんばったら、今度は好きなことをしてもいい。ゲームに夢中になったりマンガを読んだりである。がんばりと楽しみがセットになって子どもの心に定着し、その中で子どもは自分の存在感を作り上げる。つまり、「がんばれたぞ」と自慢し、「楽しいな」と喜び、それらが、「ああ、生きているんだな」、「生きていてよかったな」、につながり、またがんばるぞと思って人生は回転する。

成長するにつれ、がんばりは生活の土台を維持し、子育てや仕事を続ける力になっていく。一方、楽しみはテレビやゲームから、人とのつき合いや、この世界の文化全体に広がっていくだろう。がんばりと楽しみが縦横の糸となって、人生を織りなしていくのだ。

心の中に占めるがんばりの部分と人生を楽しむ部分の割合は、人それぞれに異なる。

その分配の比率も親に教わったものである。苦労して育った親は子に多くのがんばりを教えるだろうし、健やかに育った親はがんばりを強調する度合いは少なくなるだろう。しかし、この世に生きている限り、その比率は違っていても、二つが人生の基本であることには変わりはない。

がんばりと楽しみが互いにつながっていれば、存在が揺らぐことはなく、人生は幸せだ。

しかし、楽しみから切り離されて、一人歩きしている義務感がある。異邦人がかかえている重い義務感がそれである。

異邦人は母子の愛着関係を持てなかったために、感情の共有を知らない。安心を知らない。人と交流する楽しみも知らない。一方、社会の規範は自分で学んで理解し、それを守っている。異邦人は、がんばりの対価となるべき安心や楽しみを知らないから、目的や達成感のあるがんばりを知らない。そのがんばりは、終わりのない無期限のがんばりとなる。

がんばりだけを強いる義務感は人を緊張させ、苦しめ、責め続ける。そして、ついにはその人の存在そのものを否定する。自分はなぜ生きていなければならないのか。

生きる理由が分からない。もうそういう人生は終わりにしたい、消えたい、と。

では、異邦人の孤立した義務感は、いったいどこから生じて、何のために続いているのか。彼らの義務感は、実は、独りぼっちの恐怖を抑圧し、孤独な自分を支えるために必要なものである。つまり、人とのつながりを維持するものではなくて、つながりがないのを隠すための義務感である。

この世の最初の記憶は親からの暴力だった

これから紹介するのは、孤立した義務感から解放されて、人生の楽しみと、意味のあるがんばりを取り戻したある男性の話である。

彼は三崎顕一さん、四五歳である。それまで人生の大半を目的のない義務感だけで生きてきた。それが解けて、人とつながれるようになったのは、つい先日のことだった。

治療の中で彼が語ってくれた経歴を紹介しよう。

三崎顕一さんは、岡山で生まれた。

この世に生まれて最初の記憶は、たぶん、三歳の頃、冬の夜のことだった。何かで叱られて、裸にされて庭に出され、ホースで水をかけられた。逃げ回る自分を見て、親は「踊ってる！　踊ってる！」と面白がっていた。

それから、小学生の頃、父親に棒でよく叩かれた。母親は台所からそれを見て笑っていた。

高校を卒業してすぐ、彼は家から逃げ出した。大阪に出て一人で働いた。ガスメーターを取り付ける仕事だった。炎天下、白くなったアスファルトの上を重い器具を持って歩き回った。

三年ほど働いて、知人に誘われて東京に出た。しかし、入った会社が一年で倒産した。それから製パン会社の配送ドライバーになった。深夜二時に起きて都内を走り回り、午後三時ごろアパートに帰った。仕事は一人だった。寂しいと思ったことはない。人と会話するのは物を積み込んで伝票を確認する時と、パンを届けて店の確認をもらう時だけだった。小さい頃から親しい友だちはいなかったから、一人ぼっちの生活でも、それが普通だった。時々は、同僚や先輩に誘われて飲みに行ったが、それも仕事だと思っていた。

深夜二時に起きる義務、遅刻しないで出社する義務、品物を確実に届けて伝票をこなしていく義務、同僚や上司とうまくやっていく義務、相手に嫌われないようにする義務、アパートに帰る義務、そして、明日のためにご飯を食べる義務と、早めに寝る義務、その生きる義務を毎日こなし続けた。

一つの義務が終われば次の義務が待っていて、緊張が緩むことはなかった。時間は義務をこなすためにだけ過ぎていき、心の中に何かが残っていくことはなかった。

しかし、それが小さい頃から当たり前の生活だったので、疑問に思うことはなかった。

最初のうつ病、体が動かない

そして、二四歳の時に、彼は倒れた。

第一回目のうつ病である。

「ある日、いつものように深夜二時に起きようと思ったら体が動かない。体の芯ががちがちに痛かった。目だけは開けて、部屋の天井を眺めていた。それから胃が刺すように痛くなった。

『もうだめだ。終わりかな。このまま消えていくのかな……』と思った。嬉しかった。

もう生きていけないという気持ちはなかった。ただ、エネルギーがなくなったから終わる、という安堵だった。仕事に行って、お金をもらって、家賃を払い、明日のために食べて、寝る。その生活を続ける意味は最初からなかったから、エネルギーがなくなったら終わる、ただそれだけだった。

『ああ、終わった……』と思って目を閉じた。

目が覚めたら翌日だった。時間は分からなかった。

二日間、布団から動けなかった。

三日目に、訪ねてきた同僚に助けられて病院へ行った。内科の検査では『かなり衰弱していますが……』、異常なしと言われて、点滴を受けた。それから精神科を紹介されて、うつ病と診断された。経過とうつ病の症状は典型的な燃え尽き症候群（フロイデンバーガー）だった。

医師から指示されたままに抗うつ薬を飲んで、『少し休養が必要です』と勧められたままに会社に診断書を出し、二カ月休職することになった。体力はなかなか回復せず、休職は六カ月まで延長された。

その六カ月間、毎日が長かった。

朝、目が覚めて、そのままじっと天井を見続けた。夕方、薄暗くなってきてやっと起きだして買い物に出かけた。一日一回の食事だ。大通りの車のライトが怖かった。見ていると引き込まれる感じで、『もう自分の一生を終わりにしたい』とぼんやりと、いつも考えて歩いていた。しかし、そんなことをしたらヘッドライトの後ろでハンドルを握っている運転手さんがかわいそうだと思うから、大通りは避けて、裏道を迂回してマーケットに向かった。自分の意思が働いたのは、この迂回路を選択する時だけだった。それ以外は、一日中、受け身で、生きる義務をこなし、がまんだけを続けていた。

そして、休職が六カ月目に近づく頃、精神科の診察で先生に聞かれた。

『どうですか、最近、調子は？』

どう返事をしたらいいのか分からないままに、

『ええ、まあまあです』と答えた。そうしたら、

『そうですか。そろそろ職場に戻れますか？』と提案されたので、

これもまた他に答えようがないので、『はい』と答えて、職場復帰することになった。

職場に戻れるか、戻れないか、という判断の基準は自分にはなかった。戻るべきかどうか、その義務をこなせるかどうかだけだった。だから、聞かれれば『はい』しかなかった。何の疑問もなかった」

二度目のうつ病、義務感と怒り

二七歳で、いくつかの偶然と、巡り合わせの縁があって、結婚して娘が生まれた。しかし、娘が三歳の時に妻が病死。それからは父子家庭になった。

彼は転職して運送会社に入った。ドライバーではなくて営業所でトラックを手配する仕事だった。深夜の仕事はなくなった。

朝、起きて、娘を保育園にあずけて出社した。夜は保育園経由で自宅に戻った。生真面目できちんと仕事をこなす彼のところには、次第に仕事が増えていった。三八歳で一つの営業所を統括する責任者になった。そして、四三歳の時に、血尿が出て倒れた。

内科で治療を受けた。今度も精神科を紹介されて、二度目のうつ病の診断を受けた。三カ月間入院し、そのあとも休職を続けた。

娘は中学三年になっていた。だから、最初のうつ病の時のようにただ自室で寝ているわけにはいかなかった。朝食を作って娘を学校に送り出した。その後、ベッドに倒れた。夕方にやっと起きだして、買い物にでかけ、夕食を作った。昔のように大通りを避けて裏道を歩く選択肢はなかった。外に出るのは怖かった。

娘がいるから自分で死のうとは思わないが、何かの事故で死んでしまえばいいと思っていた。そうなれば、保険金で娘は生きていけるだろうと考えていた。

退院してから、彼は同じ病院の外来で治療を続けていた。それから一年くらいして、私のクリニックにやってきた。病院で知り合った患者さんから薦められたのだと言う。

その患者さんは、「あなたは薬だけの治療じゃだめだよ」と言ってくれた。

今までは、病院の先生に言われたままに治療を受けてきた彼だったが、その時は「そうかもしれない」と思って、生まれて初めて自分で進路を選択した。

初めて自分で選んだ治療が始まる

クリニックに来院した時、彼は四五歳、高校生になった娘と二人暮らしだった。最初の診察の時に、発症当時は月一八〇時間の残業を続けていたと、一覧表を見せてくれた。病院のケースワーカーさんに勧められて労災の申請をした時に作ったものだ。それからこれまでの治療と服薬内容の経過表（これも丁寧に作ってあった）を出してきた。受けてきた治療内容はきちんとしたもので、処方内容も問題はなかった。発症からかなり時間が経っている。この経過だったら、普通のうつ病はよくなっているはずだ。

「今、一番辛いのはどんなところですか？」と、私が質問する。

自分が昔のように動けないことが辛い。家事ができない。娘の面倒をみられない。みたくないと思ってしまう。仕事に復帰できない。それから、外出した時に人が怖い。雑踏に入るといたたまれなくなってしまう、と訴えた。

「がまんして下を見て歩いています。目をつぶって電車に乗っています。誰かに見られただけでビクッとします。とにかく怖いです」

うつ病はもともと責任感や義務感が強く、生真面目な性格の人に起こりやすい。そういう人が回復してもとの仕事にもどろうとする時に、今まで休んだ遅れを取り戻そうとして焦ったり、がんばれるかと不安になることはある。

しかし、そういったうつ病の回復期と比較すると、彼の不安は異常に強く、社会的な場面での対人恐怖（社会恐怖）と激しい焦りが入り交じっている。非定型的なうつ病、被虐待者のうつ病に違いなかった。

一回目と今回のうつ病との共通点は、恐怖心、抑うつ感に加えて、強い緊張と過労状態が長く続いていることだった。一方、異なる点は、今回はそれらに焦燥感と強い義務感が伴っていることだった。今は一人ではない。娘がいる。彼は娘のためにがんばらないといけない。さらに労災の申請を勧めて、父子生活を熱心に支えてくれた病院のケースワーカーたちとのつながりもある。だからこそきちんと治さないといけない。こうして、治療の中でも彼は義務感に追い詰められている。

今、彼にとって病気を治療することは、生きなければならない人生と同じ義務なのだ。

恐怖と義務感と緊張感。心身の深い疲労。彼は被虐待者に違いなかった。

休むことが義務になる

私は、彼の生育歴をまだ聞いてはいなかったが、被虐待者のうつ病であろうと診断した。しかし、彼には伝えなかった。

「焦っていますね。今はあまり急がずに、ゆっくりやったらいいですよ」

「えっ？　焦っている？」

「早く治そうという気持ちのことです。ここまで来たら、もうゆっくりと、じっくりと治したらいいですよ。治療を急ぐことはないと思います。いずれ労災の認定もおりるでしょうしね」

「はあ……」

「もう十分でしょう。今まで人の何倍もがんばったのでしょうから、もういいんですよ。早く、早くと思っているから、今はそれが辛いのだと思います。ゆっくり、ゆっくりと思ってください」

「人の何倍も……？」と聞き返して、彼は黙った。

それから、彼は二週間ごとにクリニックに通うようになった。

彼の焦燥感は簡単には消えなかった。

「外に出るだけで辛いです。電車が怖いです。つり革につかまって目をつぶっていま す。でも、誰かに見られているんじゃないかと落ち着かないです」

彼の不安と焦りが激しいので、私は薬で和らげることはできないだろうかと、これまでの服薬内容を確かめた。しかし、もう十分な安定薬が入っている。薬での改善は無理だった。気持ちを切り替えてもらうしかない。

私は繰り返した。

「焦らないで、ゆっくり治療しましょう。しばらくは治さなくていいですから、とにかく、生活も治療も休んでください。いいですか、治そうとしないで、休むんですよ。『早く治そう』とか『何かをしなくてはいけない』という気持ちは、今は治療にはマイナスです。ゆっくり、だらだら、ごろごろ、だらしなく、が必要です。あなたの義務は今は休むことです」

「休むことが……義務ですか？……」と言って、しばらく黙っていた。

その後で、彼は私に質問した。

「先生……、前回、先生は僕が『人の何倍もがんばってきた』と言いましたが、あれはどういう意味ですか？」
「ええ、そう言いました。普通の四〇代の男性ががんばって生きているのと比べて、あなたは数倍のエネルギーを使ってがんばってきた、という意味です。たぶん、小さい頃からずっと一人でがんばってきたのだと思います。孤立無援で助けてくれる人がいなかったから、そうするしかなかった。それで緊張と不安が人一倍強かったろうし、それを抑えるのにさらに自分を抑えてがんばらないといけない。だから、数倍です。今回もたくさんがんばって疲れて、うつ病になりました」

彼は急に静かになった。ふと見ると、目に涙を浮かべていた。
それから彼は、小さい頃に親から受けた体罰のことを語り始めた。そして、生まれて最初の記憶が、雪の中で水をかけられ裸で逃げ回ったことだと、彼は語ったのだった。

「それは虐待ですね」と、私は返した。

「そうですか、虐待だったのですか」と、彼も確認した。

「ひどい虐待でしたね。よくがんばってきましたね」と、私は繰り返し確認した。

彼の反応を見極めてから、さらに私は続けた。

「緊張と不安と恐怖の中で生きてきたのですよ。その緊張が社会に出てからもずっと続いていたので、それで人の何倍もがんばって、人の何倍も仕事をこなしてきた。そういう意味です。だから、もういいのですよ。人のやるべきことはやったからね」

普通の義務と、被虐待者の義務との違い

それからしばらくして、彼は報告した。

「ゆっくり歩いたら、今日はあまり焦りませんでした。人がたくさんいても怖くなかったです。ゆっくりでいいんですね」

「ええ、ゆっくりです。『しなくてはいけない』と思う義務感を今は棚上げにしてください。今の三崎さんの義務は、毎朝、娘さんを学校に送り出すことと、ご飯を食べて寝ることとの三つだけです」

「ええ……、それでいいのですか」

「そうです。それだけにしてください」

「あの焦りと恐怖は何だったのでしょうか？」


それは、自分に課した義務をこなす焦りと恐怖だったのだろう。生きなければならない義務、生きるために果たさなければならない義務。それは、ただ耐えて、無条件に従わなければならない義務だった。それを彼はこなし続けてきた。ただ虐待の恐怖を抑えるためにだけ、そうしないとならなかった。

目的のない義務、こなすだけの義務である。

しかし、それを続けていないと恐怖が襲ってくる。


「幼稚園の時から自分にはいろいろなルールがありました。そうしなければならないというルールです。布団に入ったら体と両腕をまっすぐにして寝る、とか、幼稚園に行ったら椅子の背もたれの面と背中の面を平行にしてまっすぐ座るとか、小学生の時は階段は絶対に二段飛ばしとか、のルールです」

三崎さんにとって歩道橋の階段は、お菓子屋さんに飛んでいくために上るのではなくて、ただ二段飛ばしの義務をこなすために上るものだった。二段飛ばしが全部できた時に感じる刹那の安心。それは生きていていいとか、そうすれば何かが開けるというものではなくて、その場限りのものだった。それは不安と恐怖に心が潰されないように、自分で作ったルールだった。それを守ることが生きることだった。守っていれば、義務を果たしているので取りあえずは生きていていい、少しは安心していいというルールだった。

カミュの作品に、ギリシャ神話を素材にした「シーシュポスの神話」という哲学的なエッセイがある。ギリシャ神話でシーシュポスは神から罰を受ける。それは大きな岩を山頂まで押して運べという内容だったが、岩があと少しで山頂に届くというところで、岩は決まって底まで転がり落ちてしまう。この苦行が永劫に繰り返されるという話である。

三崎さんの義務感も同じだった。目的のないがんばりから生まれる、一人歩きした義務感、達成や目的のない不条理な義務感である。

ただ、神から課せられた不条理ならまだましかもしれない。シーシュポスよりも彼が辛かったのは、不条理は自分が課したものだったこと、それと恐怖とが一体となっていたことだ。

カミュは、人生の目的を与えてくれるはずであった「神」を否定して、自分が納得できないような、直接的な経験を超える義務感を一切放棄した。そして、目の前の「自由意志」を行使することで不条理に勝利した。

三崎さんも同じように、知らないうちに与えられていた義務感を放棄して、自分を選び取っていく。

「僕は何事も、どこまでやったらいいのかが分からないんです。仕事も家事もです。月一八〇時間も黙って残業して、同僚から馬鹿だと言われました。

しなければならないことがあれば、がんばってそれをやってきました。でも、それが終わると、気が抜けてしまって、嬉しくもない。ただ疲れて、次のことに身構えて緊張するだけでした。

周りの人はそうじゃないみたいで、仕事が終わると、嬉しかったり、楽しかったり、にこにこしたりしている。

年末の最後の仕事が終わって、事務所でみんなでお酒を飲む。お互いに『お疲れさま』と言い合って、わいわい騒いで楽しそうだった。自分にはそれが理解できなかった。

先生から休むことが義務です、と言われてよく分からなかったけど、とりあえずはそうするしかないと思ったら、少し楽になりました。生活の時間はゆっくりになったように思う。時間に追われる感覚が薄くなりました。

時々、『あなたは人の何倍もがんばってきた』と言われたことを思い出して、そうなのかな、と思って気持ちが緩みます」

孤立した義務感から抜け出して過去を作る方法

第二章で、「私には過去がない」と訴える細田日登美さんの話を紹介した。彼女は人とのつながりがなかったために、過去が残らなかった。それと同じように、三崎さんも過去が残らなかった。義務を果たすだけで、その対価である人とのつながり、つまり「感情の共有」がなかったからだ。つながれなければ楽しみはない。記憶も残らず、過去も生まれない。目的のない義務だけをこなし、時間はさらさらと指の間からこぼれ落ちていった。

「自分は小学校で何をしていたのか、思い出せない」

「妻と一緒だった頃の記憶も、娘が小学生の頃の記憶もない」

どんな人であっても不安と緊張が強ければ、感情が抑圧され、記憶が残らない。

例えば、結婚式のスピーチを頼まれて緊張しているとしよう。式が始まってもスピーチの順番を待っている間は、目の前においしい料理が運ばれてそれを口に入れてもあまり記憶には残らない。不安と緊張が、目の前のおいしいという感覚を抑圧してしまうからだ。

三崎さんにとっては毎日二四時間が、そんなスピーチの前の時間と同じだった。義務だけを課せられて、スピーチが終わることはなかった。

人とのつながりができれば、孤立した義務は達成感のある義務へと変化するだろう。しかし、義務を果たすことで頭の中がいっぱいだと、人とのつながりができても、それに気づかず、見逃してしまう。

亡き妻との出会いや娘の誕生は、人とのつながりを作るチャンスだった。しかし、強い義務感は彼らとの交流を閉ざしてきた。いつまでたっても三崎さんは人とつながれず、孤立したまま義務を果たすだけという悪循環が続いてきたのだ。

以下に述べるように、三崎さんは心のつながりを回復した。それは、「私には過去がない」と訴えた細田日登美さんや、幼稚園の時に「透明人間」になった岸本侑子さんたちが、その後たどった回復の道筋と同じものだった。

空港で娘を見送って、生き急いできた自分に気づく

治療が始まって四カ月が経った頃、彼は「今」を語り始めた。

先週、娘がニュージーランドに一年間の留学に出発した。彼は成田空港の出発ロビーまで見送りに行った。

「お父さん、行ってきます」と、娘は元気に挨拶してゲートの中に消えていった。

その娘の後ろ姿を見送りながら、自分の中に何か強い不全感、あるいは後悔のようなものが広がっていくのを感じた。それが何であるか分からなかった。

空港からの帰り道、やはりその何かが心に引っかかっていた。思えば、いつもそう

して生きてきたような気がした。

「なんだろう、これは……」

娘としばらく会えない寂しさだろうか。それも確かにあるけど、それだけじゃない。都心に向かうリムジンバスの中で薄暗くなった景色が静かに流れていくのを眺めながら、彼は思考をめぐらせていた。

過ぎ去った時間が消えている、もう取り戻せないな……。

そう考えていると、突然、記憶から消えていたはずの妻との五年間の短い結婚生活を思い出した。

妻は小さい娘を愛しんで育てていた。それを見ているのが嬉しかった。妻が娘をあやして、娘がキャッキャッと喜んでいるのを見ているのは幸せだった。そうだったんだ……。あの時、母子はこんなにも仲がいいものなんだと、思った。でも、それを口に出すことはなかった。あの時に妻にちゃんと伝えればよかった。

こんな仲のいい親子を見せてもらって、「僕は君と結婚して幸せだ」と。

娘とはしばらく会えない。ロビーでの娘の顔を思い出した時、彼は娘が最後に何か言いたそうだったことを思い出した。

　そして、彼は心の中で大きくつぶやいた。

「あ、そうだ。僕はいつも先のことばかり考えて生きてきたんだ！」

「出発ロビーでの別れの時、娘の両手は荷物でふさがっていた。あの時、娘は荷物を置いて僕の手を握ろうとしたのだと思う。僕はその娘を待てず、両手のふさがったままの娘に『行ってらっしゃい』と言ってしまった。

　そして、そのまま別れてしまった。

　待てばよかった。一〇秒の時間を待てばよかった。

　そうすれば、娘はきっと荷物を置いて、『お父さん、行ってきます』と手を差し出したはずだ。

　娘と握手ができなかった。娘の言葉を聞けなかった。

　そんな大切な時に、なんで自分は急いだのだろう。帰りのバスが気になったのか、明日のことが気になったのか。

　いつもそうして、先を急いで生きてきた。次のことばかりを考えて、『今』の時間、目の前の気持ちをみつめてこなかった。娘や妻の顔を見てこなかった。

娘はもしかしたら握手じゃなくて、私に抱きつこうとしていたのかもしれない。僕はまた、大切な時間を逃してしまった。大切な思い出を逃してしまった」

心に引っかかっていたものがはっきり見えた。生き急いできた自分が見逃してきたものが見えた。それは人とのつながりだった。

彼は今、四五歳。彼が見逃してしまった人生は一八年間だ。二七歳で結婚してからの一八年の人生だ。その前の人生に彼は未練はない。無かった人生だ。

「過ぎ去った時間を取り戻したいと思ったのは、生まれて初めてだった。

いつもいつも未来が不安で生きてきた。とにかく、次をこなすことで精一杯だった。義務感と恐怖だけで生きてきた自分のことが、今、分かる。ずっと怖かったのだ。不安だったのだ。

これが、先生が言っていた、『人の何倍も緊張してがんばった』ということだと分かった。

そう思ったら、自分がかわいそうになった……」

車内灯が落とされたバスの中で、彼は泣いたという。

「一年後に娘が帰国したら、先のことは考えずに、その場で落ちついて、迎えてあげよう。そして、娘の手を握って、顔を見て、『お帰りなさい』とゆっくりと言ってあげよう」

義務感が消える夢

それから診察室では、娘さんの話題が多くなっていった。娘の学校はこうだ、部活はテニス部、ケータイばっかりいじっている……などである。

よく眠れるようになった。そして、最近見たという面白い夢の話をしてくれた。

それは、朝起きて、また一日が始まるという夢だった。

「その朝、起きた時に嫌な夢を見ていた記憶はなかった。でも、なんとなく『ああ、夢だった。よかった』と思った。今までいい夢を見たことがなかったので、ただ習慣でそう思ったのかもしれない。

でも、その後すぐに、これは夢の中で夢を見て、目が覚めたのだと分かった。『ああ、夢だった。よかった』と思ったのが夢だったのだ。

そうして本当に起きようと思ったら、それがまた、夢の中だった。

嫌だなと思って、これは夢に違いないと思った。でも、そこから覚めたら、またそれが夢。次は絶対に起きられると思って起きると、また夢だった。

やっと本当に起きたと思ったら、ぐったり疲れている。

そして少し意識がはっきりしてきて、『また一日が始まる……』と思うと、不安が押し寄せてきた。怖い、起きたくない。でも、眠りたくもない。しばらく天井を見ている。それから、起きなければと思うと、義務感に押しつぶされそうになる。

夢も嫌だけれど、現実も同じように辛い。

いいことは、どっちにもない。

少しぼんやりしていたら、『ああっ！　時間だ、まずい……』と現実を思い出して、緊張が走って体が動き出す。

『いけない……遅れちゃう』と、時間に追いかけられる。飛び起きて、慌てて支度をして、家から駅にダッシュする。まずい、このままじゃ……と思って焦っている。

そういう夢だった」

私はそれを楽しく聞いた。最後に、「ええっ！　それも夢だったんですか」と、二人で笑った。

「三崎さんの夢のテーマは、時間に追われる義務感の夢ですね」と、私が感想を述べた。

「そうなんですよ」

「よかったですね、夢に出てくるようになって。それは義務感を自覚できるようになったということですよ。義務感の中にすっぽり入って生きていると、それがすべてだから、夢には出てこない。最近は義務感の中に入ってもがいたり、そこから出たりしているということですね。だから夢に登場する」

「そうですか。面白いですね。確かにそう思います。昔はこんな焦る夢を見なかった。夢でよかったなんて思わなかったんです。夢も現実も同じだったからですね」

小さい頃から安心というものを知らず、不安と緊張と、それを抑えるための義務感の中だけで生きてくると、義務感が当たり前だからそれを意識することはできない。義務感の中だけで生きてきた人は「義務感」ということを知らないし、その夢も見ない。

「嫌なことは、夢の中だけになりましたか？」

「いや、そんなにはうまくいきませんが、まあ、でも夢に出てくるようになったのはいいことなんですね。

僕は、最近、なんか嫌だと思ったら、それはもういい、それ以上考えない、気持ちを別のところに持って行く、と思えるようになったのです。

いろいろあるけど、たいしたことない、と思うようにしている。考えたら人生の義務なんて終わりがないですからね。きちんと果たそうと思ったら切りがない」

「そうですね。三崎さんは人の何倍もそれをやってきた」

「『やらなければならないことがある』、そんなことは言われなくても分かっている。そうじゃなくて、『やりたいことがある』とほんの少しでも思えて、その時間を持てたら、たぶん、幸せなんだろうと思います。

そして、最近、僕は電車の中で眠れるようになったのです。うとうとできる。居眠りというものを知らなかった。それができたのが嬉しい。

そしていつかは、友だちとの約束に一五分くらい遅れて、『ごめん、ごめん、居眠りして乗り越した』と、言ってみたいです。そういう小さなことだけど、普通の人ができていることができたら、嬉しい。たぶん、それが幸せなのだろうと思う」

恐怖から離れて、囚われていた義務感を知る。そうすると、目の前には「今」という小さな幸せがある。彼は、自分を縛ってきたものから抜け出した。守るべき幸せを持てたということは、彼が「消えたい」と思う隔壁の外側から、「死にたい」と思う心理カプセルの中に入ったということだ。

しかし、「普通の」人とまったく同じようにではなく、恐怖から離れて、人生の義務と幸せの意味を深く理解して、である。

理解すると、人は自由になる。

知らず知らずのうちに決められていた、「神」のような枠から、彼は自由になった。

（3）存在の不確かさゆえに効かない精神療法

被虐待者がいかにして「社会的存在」を取り戻して、人と一緒に生きていくかを追ってきた。いったんその歩みを止めて、彼らの治療方法について述べる。

ここで伝えたいことは、被虐待者（児）には、通常の精神療法やカウンセリングが通用しないということだ。

なぜなら、この分野のほぼすべての療法は、「普通の」母子関係を理論的な前提として組み立てられているからだ。その療法を彼らに適用すると、回復を手助けするどころか、かえって彼らの苦しみを増してしまうことも多い（特に専門家の読者にはこの点をお伝えしたい）。

被虐経験をもつ異邦人は、社会に溶け込めない深い孤独をかかえながら、しかし、社会のルールをきっちり守って優等生のように生きている。そんな大人の異邦人が疲れ切って私のクリニックにやってくる。

その症状は、精神医学の診断基準に当てはめれば、うつ病、パニック障害、解離性障害・多重人格などである。離人症もしばしばみられる。

しかし、彼らの症状は、通常の心理発達を前提としている精神医学の診断基準（ICD-10）からはみ出してしまうことも多い。彼らの存在の不確かさが症状を修飾するのだ。それを分かりやすく言えば、だいたいは、診断基準の諸症状にプラスして、慢性の過緊張状態、過労状態をもっている。いわゆる「燃え尽き症候群」である。それによって症状が修飾されて非定型的になるのである。

そこで、私は彼らに診断を伝える時に、「うつ病ですが、重症で非定型的です」とか、「うつ病にひどい慢性の過労状態が重なっています」などと説明する。

（ⅰ）被虐待者のうつ病と抗うつ薬の効果

被虐待者のうつ病には、抗うつ薬があまり効かない。

普通のうつ病は薬を飲めば一、二週間で回復の兆しが見えてくる。新しく開発された抗うつ薬はさらに効果発現が早い。しかし、その薬が彼らには効かない。

一般には「うつ」には薬が効くと思われているが、専門家からみれば、薬が効かない「うつ」がある。例えば、若者の軽症「うつ」には薬は効きにくいし、さらに分かりやすい例を挙げれば、悲哀性のうつには薬はほとんど効かない。

悲哀性うつとは、自分にとってもっとも大切な人を失った時に起こる「うつ」である。例えば最愛の夫や妻を失った、突然の事故や病気で子どもを失った時などである。その喪失体験の後、数カ月以上にわたってうつになる。食欲を失い、眠れず、体重も落ちてくる。うつ病の診断基準にも合致する正真正銘のうつ病であるが、しかし、この悲哀性うつには薬は効かない。

考えてみれば当然かもしれない。愛妻を失った男性が、抗うつ薬を飲んで二週間後に、「元気になりました。食欲も戻りました。もう大丈夫です」と、笑顔で報告するはずがないであろう。

話を異邦人にもどすと、彼らのうつ病にも同様に薬は効かない。その理由は、彼らが人生の最愛の人を失ったからではない。逆に、彼らは生まれてから一度も最愛の人と出会ったことがないからだ。私は彼らの治療では、初期の段階では抗うつ薬を少量試すが、効かなければ抗うつ薬は使わず、緩和安定薬と睡眠薬中心の処方にする。経験が私にそうさせている。

（ii）認知行動療法のむずかしさ

認知行動療法は、抗うつ薬と並んでうつ病治療の両輪になっている精神療法である。この認知行動療法も、彼らには効果がないと私は考えている。

その理由は、認知行動療法は、「自我同一性」（社会的存在）が確立されていることを前提にしている治療法だからである。同じ理由で、認知行動療法は思春期前の子どもや思春期の若者にはほとんど効果を発揮しない。これについては、精神科医ならよく知っているだろう。

効かない理由を、もう少し詳しく説明しよう。

認知行動療法は、人それぞれが持っているネガティブな思考パターンや、悲観的な考え方の癖を、客観的な認知に変えていく治療法である。

例えば、ある若い男性が会社で上司に厳しく指導されて、そのストレスからうつ病になってしまったとしよう。こんな時に認知行動療法は、ストレスの原因は彼が上司からの指導を必要以上に重く受け止めてしまっているからだと考える。軽く受け流せないのは、彼が日頃から無意識に使っているある認知の癖（これを、誤った認知＝認知の歪みという）が原因である。治療は彼が自分のその癖に気づき、修正していくことである。

うつ病になった彼は、上司が何も言わないと、「お前はできない奴だ」と言われているように感じている。目上の人に対して被害的になりやすい癖をもっているのだ。だから、上司から「あの仕事やってくれた？」と聞かれると、彼にはそれが、「まだやっていないのか、ダメな奴だな」と聞こえる。何を言われてもストレスがたまる。これが「誤った認知」である。そのために自己評価が低く、緊張が続き、自分を責めてうつ病になりやすい。

彼の誤った認知を修正するために、客観的な人間関係の分析を行う。上司から「ダメな奴」と言われたことがあるか、ないかをチェックする。また逆に、仕事ができたときに評価してもらったことはないか、「ご苦労さん」と言われたことはないかどうか、などを思い出す。同時に、実際に上司から何と言われているかを、記録していく。それらを客観的に分析していくと、彼は、「自分がそれほどダメとは思われていないようだ、もしかして自分の思い込みの部分が強かったのか……」などと、認知の歪み（ネガティブ思考の癖）に気づくのである。

そういう気持ちであらためて職場に出てみると、思っていたのとは違って、意外に上司は優しかった……などと思える。上司へのストレスが消え、うつ病は再発しなくなる。

これが、認知行動療法の概要である。

さて、この療法には暗黙の前提がある。それは治療を受ける人が、大人としての自我同一性（社会的存在）を確立しているという前提である。

この例に沿って考えると、彼は上司との人間関係以外の分野では、ネガティブではなくてポジティブな人間関係を保っているという前提である。例えば、友人関係や趣味の仲間、あるいは地元の交流では、安定した信頼関係を持てている。友だちとの関係では、「お前はダメな奴だな」と言われても、「お前よりはましだよ」と言い返せる。だから別に被害的にならない。しかし、上司との関係だけは自動的に被害的になってしまう（自動思考）。この違いに気づくことが「認知の歪み」に気づくことである。

歪みに気づけるということは、歪んでいない認知を持っているということである。

つまり、職場での認知の歪みに気づけるのは、別の場所では正常な認知を持っていることが前提となっているのだ。すべてが歪んでいたら、人はそれに気づけない。

誰でも、様々な人間関係の中で不得意なものがある。しかし、どこか別の関係ではうまく適応している。これが自我同一性(社会的存在)が確立しているということだ。

一方、虐待を受けて育った人にとっては、ある人間関係ではうまくいくけど、違うところではうまくいかないということはない。彼らはあらゆる人間関係で孤立し、ネガティブで、被害的である。だから、認知療法を受けても認知の歪みに気づけない。

(iii) 内観療法のむずかしさ

内観療法も彼らには効かない。

なぜなら、この治療法は正常な母子関係(愛着関係の成立)を前提としているからである。

この治療は、座禅のように静かに座って過去を思い出し、自分の気持ちを整理する。具体的には、小学生時代より現在までを三年間ずつに区分し、思い出す。そして、それぞれの期間について、まず最初に、

①母親にしてもらったこと、をじっくり思い出す。ついで、
②母親にして返したこと、を思い出す。
③最後に、母親に迷惑をかけたこと、を思い出す。

その治療効果は次のように言われている。

まず、「母親にしてもらったこと」についてじっくりと思い出すと、今まで自分一人の力で生きてきたつもりでいても、いかに多くの世話を親や他人からしてもらっていたかに気づかされ、自己中心的な考えが修正される。大切に育てられ支えられてきた親の愛情を再確認し、見守られてきた自分を自覚して、自己肯定感が高まる……。ついで、「母親にして返したこと」に進むと、心はさらに穏やかになる……。

しかし、言うまでもなく、母親から虐待を受けてきた人にとって、この治療法は効果がない。そればかりか、かえって苦痛だけを与えることになる。治療の中で彼らは母親を愛せなかった自分を責めて苦しむのだ。

内観療法もまた通常の心理発達を遂げて、自我同一性を確立した人にだけ効果があるのである。

内観療法の実施法には、「親から虐待され、迷惑をかけられた経験の多い人には適

応しない」と明示されている。ところが、被虐待者は自分が虐待されていたと自覚していないことが多いし、自覚していても自分からその体験を語ることは少ない。だから、気づかれないままにこの療法を受けている場合もある。

「知る」ことが症状を解除して、存在を取り戻す

異邦人は、その存在の不確かさゆえに精神療法が効かない。彼らの治療に有効な方法は、この存在の不確かさそのものを知ることである。

精神療法・心理療法には数百種類の様々な方法や流派があると言われているが、それらに共通なことは、「自分の真の姿を知る方法」だということだ。

それは、隠されてきた自分、隠してきた自分、見られなかった自分、見ないようにしてきた自分を知る方法である。これらは葛藤の解決と言われるものだ。また、誤解してきた自分、曲解してきた自分を知ることである。間違った認知の修正である。

今まで気づかなかった自分を知ることこそが真の「自己受容」になり、それによって古い認知や生き方の中で悩んでいた自分が解放され、治癒されるのだ。

では、心にとって「知る」とはどういうことかといえば、それは、「離れる」こと

である。

子どもが生まれ育った自分の家（住宅）を知るのは、歩けるようになって外から家を見た時である。家から離れて初めて自分の家が友だちの家と違うと分かり、自分の家を知る。何かを「知る」ことは、それから「離れる」ことである。

精神療法・心理療法における様々な治療法の違いは、どこまでの自分を知ろうとするのか、の違いである。言い換えると、どこまで自分から「離れる」かが異なる。

例えば、摂食障害の治療には母子葛藤を知ればよい。葛藤とは母親との対立と親しみとの関係である。ここでは、「知る」とは母子が互いにそれぞれから「離れる」ことであり、離れて初めて、ああ、同じ家に住んでいたんだなと、愛していたことと憎んでいたこととが同じだったと分かる。そうして、子離れと親離れができて、病気は治る。

うつ病の認知行動療法は、それまで自分が当たり前と思っていた生き方＝認知の仕方から離れて、自分の生き方を客観視し、認知の歪み（古い認知）を知ることである。

異邦人の治療は、母子葛藤を知ることでもなく、誤った人間関係の認知を知ることでもない。彼らの治療は自分のあやふやな存在（社会的存在の不安定性）を知ることである。

しかし、知らなかった自分を知ることは、古い自分を壊すことでもある。だから、自分を知ることは、知らないことで隠すことができた恐れと怒りと悲しみと、そして絶望と直面することになる。人には本当は知りたくない、離れたくない気持ちがある。

異邦人は、ぎりぎりで保ってきた「存在」そのものから離れたくない。なぜなら、それを手放してしまったら何も残らないからだ。彼らの治療＝知ることは、あやふやながらも保ってきた社会的存在そのものから離れる作業であるので、母子葛藤や認知の治療よりも辛い作業となる。

自分を知りたいという気持ちと、それを知ったらこれまでの自分が壊れるという恐怖との間で、葛藤する。体がよじれ、気持ちがよじれ、大混乱し、存在が揺れるように大きなめまいを感じる。でも、治りたい気持ちがそれを乗り越えて、人は真の自分を知るようになる。

嵐が過ぎ去るのをじっと待っていると、雲が途切れ、空が明るくなる。

「ただ知る」ことが生き方を変える。存在を立て直す。

(4) 人からもらう愛情、人に与える愛情を取り戻す

この後の(4)と(5)で、再び、彼らの回復の足取りをたどっていこう。

生きるために愛情を拒む、心のブレーキ

以下は、自分の被虐待体験を知ったある女性の言葉である。

「私には、生まれてからずっと愛情を受け取れなかった欠落がある。それは障害のようなものだと思う。それが人生に決定的な打撃を与えて、私の存在を消した。もう遅い。私は自分を取り返せない。

筋肉は長い間使わないでいると、萎縮して役に立たなくなる。それを廃用性萎縮というらしい。愛情を受け取れなかった私の心はそれだ」

また、別の女性は日常のごくありふれた体験を次のように語った。

「先日、あることで友だちからお礼を言われました。

『助かったわ、本当にありがとう。あなたにしか頼れなかった』と。

それを言われた時に私は黙っていたけど、感謝の言葉を受け入れられなかった。

そんなことないだろう、私じゃなくて他の人でもよかったんじゃない、と思ってしまう。居心地が悪いというか、そういうことにずっと拒絶感がある。

それで思い出した。

三歳の時、母親が病気で一カ月くらい入院した。

帰ってきた母の姿を見て、私は玄関に飛んで行きたかったけど、行けなかった。今思えば何か心にブレーキがかかっていた。もじもじしている私を見て、母親は『あら、あら、恥ずかしいの』と言うだけで、そのまま二階の自分の部屋に行ってしまった。

四歳の時、幼稚園でみんなで手をつなごう、というお遊戯があった。

私は、なぜか手をつなげなかった。先生が来て、隣の子の手と私の手をつないでくれた。今、思い出すと、同じ心のブレーキがかかっていたと思う。

人と一緒にいるより、私は一人でいたほうがいい。

人から感謝されるくらいだったら、恨まれたほうが安心する」

人は、生まれつき愛情を受け取るようにできている。だから、生まれてすぐに赤ちゃんは愛情に反応する。母子関係の最初、この世の存在の出発点だ。しかし、求めていた愛情が受け取れないばかりか、それをあからさまに否定されると、子どもは愛情を受け取ろうとする心にブレーキをかけ、ついにはロックして使えないようにする。期待して裏切られるよりは最初から受け取らないと決めるほうが、苦しみは小さく、生きやすいからだ。

被虐者に限らず、人の愛情や親切、感謝を、遠慮したり、躊躇したり、時には拒否してしまう心理は誰にでもある。

しかし、被虐者の場合は、それが人一倍強く、人生全体を支配している。

この節では愛情にロックをかける心の動きと、それを解除する回復のプロセスを追っていこう。

お姉さんの優しい気持ちを拒絶した記憶

三九歳の一人暮らしの男性、青井椋二さんが語ってくれた。

彼は虐待を受けて育った。小さい頃、十分な食事をもらえなかった。もの心ついた頃には、彼は台所の米びつから生の米を食べていた。

「近くに住む叔父の家が農家だったので、家にお米はあったのだと思う。小学校五年生の時、近所のおばさんからお米の炊き方を教えてもらった。自分で炊いて初めて温かいご飯を食べた。すごく柔らかくて甘かった。

小学校に入る前だったと思うが、台所の引き出しの奥に、破けた即席ラーメンの袋を見つけた。その中には麵のかけらが残っていた。ほんの少ししかなかったけど、とてもうれしかった。丸ごとの即席ラーメンを食べられることはなかった。だから、一八歳で家を出て、自分で働くようになっても、きちんと袋に入った即席ラーメンは、長い間、僕のご馳走だった。

二〇歳の頃、恐る恐る、思い切って、母親に言ってみた。

『小さい頃、食事をもらえなかった』と。

あの人が何と返事をするかと思ったら、『あんたは食が細かったからね』と、あっさり返された。まったく覚えていないようだった」

その彼の、一一歳の頃の思い出である。

「前回、ここ（クリニック）で話をした後、小さい頃のことを急にいろいろと思い出した。忘れていた思い出が湧き出てきた」と、彼は語り始めた。

「小学校五年生の時、近所のお姉さんと知り合いになった。お兄ちゃんの友だちだった。でも自分には、ずっと年上の女の人に思えた。

時々、お姉さんとお兄ちゃんが話している横に自分がいた。お姉さんは自分に声をかけてくれた。優しかった。

ある日、お姉さんがクッキーを持ってきてくれた。

『りょう（椋）君、クッキーあげる。美味しいよ』と、お姉さんが手のひらにのせて僕に差し出したのは、小さな透明の袋に入っているクッキーだった。袋は赤いリボンで結ばれていた。そんなきれいなものを見るのは初めてだった。袋の中に三つか四つ、クッキーが入っていた。

自分はお姉さんが差し出すクッキーを受け取ろうかどうか、しばらく迷っていた……のだと思う。

じーっとそれを見ていた。

『どうしたの？　遠慮しなくていいのよ』

お姉さんの声が遠くで聞こえた。

それから僕の目の前で起こったこと、三〇年間、忘れ去っていた記憶。それがスローモーション画像のように蘇った。

僕は、いきなりお姉さんの手からクッキーを奪い取った。そして、それを地面に投げつけた。ガサッと乾いた音がした。

『こんなものいらない！　いらない！　いらない！　いらない！』

そう叫んで、僕はクッキーを足で踏みつけた。

きれいな袋の中でお菓子が粉々になり、赤いリボンが泥に汚れた。

それからどうなったかは、覚えていない」

被虐待児の「試し行動」は、がまんが途切れてしまう恐怖から発する

何十年もの間、まったく記憶の外にあった出来事を、彼はカウンセリングの中で思い出した。

彼が語ってくれたのは、いわゆる被虐待児の「試し行動」と言われているものと同じである。

試し行動とは、一般的には、「虐待を受けた子が、親とは違う年長者から優しい扱いを受けた時に、わざとその愛情を拒否して相手を試すような行動をとること」とされている。

例えば、食べ物も与えられず暴力を振るわれ続けた子が、保護された児童養護施設で職員から優しい言葉と美味しいご飯を差し出された時、そのご飯を受け取らず手で払いのけたりすることである。

しかし、この「試し行動」という命名とその説明は、被虐待児の心理を誤解していると私は考えている。

恐怖の中で虐待を受け続けてきた子どもには、大人の「愛情を試す」などという余裕はない。彼らはそんなことは絶対にしない。

では、彼らが試しているように見える激しい行動は、いったいどうして生まれるのか。

実は、その激しい拒絶は、自分のがまんが途切れてしまう恐怖から発する。

虐待を受けてきた子どもは、愛情と優しさを期待しても、いつも親に裏切られてきた。それでも、子どもは期待し続ける。

「親が自分に優しくないのは、何か理由があるはずだ」、「暴力を振るうのにも訳があるはずだ」

「自分がもっといい子になれば、きっと親は優しくしてくれる」、「ちゃんと言うことを聞けば、暴力はなくなる」

子どもはそう自分に言い聞かせ、期待をつなぎ、今度こそはと思ってがんばる。

しかし、結局はいつも裏切られた。

その厳しい経験の中から、やがて、子は自分には温かい愛情を受ける権利なんてない、そんな期待をする自分の方がおかしいと思うようになり、愛情を期待しないで生きていこうと決心する。その決心は何度も揺らぐが、そのたびに彼らは自分に言い聞かせる。

「期待する自分がだらしない、そんな自分は馬鹿だ」

そうして彼らは、ぎりぎり自分の存在と尊厳を保って生きていく。

そんな彼らが、ある時、親から救い出されて養護施設に保護されたとする。そこで支援者が、温かい愛情とごはんを与えるとしたら、彼らはどう思うだろうか？

「どうして僕にそんなことするの？　僕はそんなものはないと思って生きてきたんだ。なぜそんなことをして僕をからかうの？　せっかくここまでがまんしてきたのに、余計なことしないで！　ひどいよ！」

そうやって、差し出されたご飯を払いのける。

愛情を期待してはいけないのだ。がまんを続けないと生きていけない。がまんを止めるのは怖い。

「施設から出たら、僕はまたがまんなんだ。だから、そんなことしないで！」

これが、「試し行動」と言われるものの心理である。

がまんが生きる支えだった

話を、クッキーを踏みつぶしてしまった青井さんに戻そう。

彼は語り続けた。

「生まれてからずっとがまんだけをしてきたのに、今さら優しくされても、怒りしか沸いてこなかった……。あの怒りはお姉さんへの怒りだったのか。違う、お姉さんは大好きだった。そうじゃなくて、甘い誘いに乗ってしまった自分への怒りだったのだと思う。お姉さんには悪かった。

あれから三〇年たつけど、今も同じかもしれない。

大人だから人の好意をあからさまに拒絶するようなことはしないけど、遠慮してしまうし、期待すると怖くなる。いつもがまんしてきた。このがまんがなくなるまで耐えようと生きてきた。それが生きる理由だった。がまんのない世界を生きたことがないから、生きるとしたら自分でがまんを作らないといけない。がまんのない世界は怖い。受け入れられない。

幸せになってもいいんだ、と自分に言い聞かせるが、何度言っても、底知れない怖さが襲ってくる。がまんが途切れたら殺されるのではないかと怖くなるし、甘えようとしたら、黒い雲のような罪の意識が襲ってきて自分を責める。

自分には愛情を抑える力はあっても、それを受けとる能力はない。今さらその能力を作ることはできない。もう四〇年もそうしてきてしまったから」

辺縁の世界を離れて、心理カプセルの中に入る

それから三カ月後のカウンセリングで、彼は語った。

「もうすぐ四〇歳になる。来月が誕生日です。人生の半分が過ぎてしまった。その間、ずっとがまんして、恐れて生きてきた。何もないと分かっていても、何か心配の種を見つけて、心配して、それに構えて生きてきた。がまんして構えることが自分が生きている支えだった。

でも、この間、そのがまんが消えた。

その日曜日、一人で外を散歩していたら、近所だったけど知らない路地に迷い込んだ。坂を上っていくと視界が開け、小さな公園があった。あれ、こんなところに公園があったのか、と思って、ベンチに座った。

小さな緑があって青空が広がっていた。ぼーっと過ごしていたら、ふーっと軽く意識が遠ざかるような、時間が止まったような、静かな気持ちになっていた。

自分がいて、小さな緑と青空と、下には住宅の屋根が連なっていた。同じ世界だけど、いつもとは違う方向から見ている気がした。

何も変わっていない。自分はもとのまま、周りも昨日と同じはずだった。でも、慣れ親しんだところが、それまで目で見て、耳で聴き、肌で感じてきた世界と違ってい
た。自分の感じ方が変わったに違いないと思った。今は自分と世界とが分かれている気がする。つながっていない。『それぞれなんだ』と思った。だからだろうか、『きれいだな』と思った。

自分の中の緊張が解けていた。

きれいだな、と感じたままにしていいんだ、と思った。

クリニックで虐待の話ができて、親にはもともと愛情がなかったのだとはっきり分かったら、うれしくなった。もう、自分をがまんさせる必要がなくなった。古い世界が崩れた。今見えている世界は違う世界だ。

今はマンションに帰れば食べ物もあるし、ゆっくり横になれるベッドもある。いつ親から殴られるかもしれない恐怖はない。

『だから、もうそんなに緊張しなくてもいいんだよ』と、自分に言ってあげた。

悲しい気持ちがわいてきて、四〇年間続いていた緊張がもう一度緩んだ。

しばらくそのまま座っていた。それから現実に戻って、小さな公園を後にして坂道

を下り始めた。その時に、ふっと、『もう、いいんだ。感じたままでいいんだ』と自分の口から漏れた。

世界は何も変わっていないし、何もかもが昔のままだけど、僕の世界は変わった」

彼が体験したのは、被虐待体験の中で作り上げた世界の崩壊である。彼は生まれてからずっと愛情がつながらない世界、すなわち、辺縁の世界に生きてきた。そこで、ないことをあると思い込もうとしたのが彼の苦しみの源であった。しかし、はっきりとないと分かって、世界が見えた。地上には二つの世界がある。愛情が機能する「普通の世界」＝心理カプセルの内側と、愛情が機能しない辺縁の世界とである。彼は辺縁の世界に生きながらも、普通の世界につながろうとして、二つの世界を重ね合わせようとしてきた。それが苦しみだった。二つが違うものだと分かって、生きていると思い込んでいた世界が壊れ、現実の世界が見えてきた。

彼ほど強くはないだろうが、普通の世界（心理カプセルの内側）で生きている人々も緊張とがまんをかかえて生きている。こうしなくてはいけない、そうしてはならない、という緊張とがまんである。それは普通の世界で一緒に生きる義務から生じる。しかし、普通の世界では、ほどよい緊張とがまんは、愛情によって報われる。

一方、まったくその圏外で一人で生きてきた彼は、自分で緊張を作り出して心を支えた。もともと愛情のない世界で、愛情を期待しないという緊張である。それは人とつながっているという安心は与えてくれない。唯一、愛情がないという恐怖を抑えてくれる。

自分がつながっていなかったと分かって、愛情を受け取らないがまんが解け、ブレーキがはずれた。そして、彼はもともと持っていたはずの愛情に従って、みんなと一緒の世界に入っていった。

「先生に、『一人でがんばってきたんですね。あなたは強かったですね』と言われてから、光が差してきた。それから人が怖くなくなった。人の輪郭がしっかりと見えてきた。

先週、生まれて初めての不思議なことが起こった。それまではいつも人におどおどビクビクしていた。人から嫌なことを言われてもうつむいて黙っていた。でも、この間、初めて言い返せた。そうしたら、なんとその人が僕に謝ってくれた。びっくりした。信じられなかった。

それから、これも生まれて初めてだけど、人にほめられた。

『青井さんと話していると、元気をもらえる。飾らないところがいい、淡々としている感じがいい』

そう言われてまたびっくりした。僕も生きていていいのかな、と思えた」

(5) 子どもから教えてもらう愛情

これから紹介するのは、虐待を受けて育った女性が子どもを産んで回復する話である。

被虐待者は人から愛されたい気持ちと、人を愛したい気持ちの両方にブレーキをかけて、人にも自分にも愛情を見せずに生きてきた。

だから、一度ブレーキをはずせば、押しとどめられていた愛情は一気に流れて、新しい生き方が始まる。そのきっかけを与えるのは人との出会いであるが、もっとも強い出会いの力を持っているのは赤ちゃんである。赤ちゃんは強力な引力で、ママを愛着関係の中に引き入れる。ママは赤ちゃんに導かれて心理カプセルの内側、安心の宿る普通の世界に入っていく。

「子どもがいらなくなった」と訴える母親

七月一五日、午後の早い時間、市の子育て支援センターにＳＯＳの電話が入った。

その女性は電話口でいきなり、

「子どもがいらなくなった。引き取ってほしい」

と訴えた。

センターの保健師の桜井さんは切羽詰まったママの声に、子育てに疲れ切ったのだろうと思って、その話を聞いた。一五分ほど話して女性は落ちついたようだった。丁寧に礼を言って電話は切れた。

しかし、あらためて考えてみれば、「子どもがいらなくなった」とは、奇妙な訴えであった。不安に思った保健師さんは、翌日、電話を入れて、次の週に自宅を訪問する約束をした。

最初の電話から一週間後の午後、保健師さんはそのママの自宅を訪れた。

そのママ（野中真澄さん、三四歳）は、夫と一歳四カ月の長女（ゆうちゃん）との三人暮らしであった。通されたマンションの床は新築かと思うくらいにピカピカに磨かれ、キッチンもリビングもきれいに整理されていた。

通されたリビングのソファーに向かい合って座る。

野中さんは最初は子育ての不安や自身の体調の悪さを穏やかに訴え、保健師の桜井さんも、「いろいろ大変よね」と返していた。しかし、次第に野中さんの話は一方的になり、やがて口調が荒くなった。

「娘が自分に似ていると思うと、気持ちが悪くなって触《さわ》れないんです。娘が近づいてくると吐き気がします。怖いです。

私、ずっと温かい家庭が欲しかったんです。一生懸命に子育てしてきましたが、もうだめです。イライラして何をどうしていいか。もう子どももいらないです。どこかで引き取ってくれませんか」

最初の電話の時と同じような訴えに、桜井さんはどう返していいものかと戸惑った。

「疲れてしまったのね。万一の時は乳児院のショートステイを利用することもできますよ」と口を挟んだが、彼女の訴えは止まらなかった。

「この子が怖くて、窓から放り投げたくなってしまうんです」

部屋は八〇三号室、ここは八階だと桜井さんは思った。

「主人は仕事が忙しくていつも遅いです。それでも子どもの面倒をよく見てくれます。でも、私が何もできなくて、申し訳なくて、申し訳なくて、夜、子どもを泣かせたら主人が眠れないと思って……起こさないように、泣かせないようにしてきました。それから家事もきちんとできないんです」

「きちんとできているじゃないですか。お部屋も床もぴかぴかだし」

「そんなことないです。これじゃダメなんです。ダメなんです、こんな掃除じゃ！こんな掃除じゃ！」

野中さんは急に叫ぶような声になった。表情が変わった。明らかに何かに脅えている。

「私、掃除ができていないと叩かれました。父親から木刀で半殺しにされました。小学校の時、おねしょをしたらその布団で巻かれて、縛られて、庭の木につるされて、木刀で叩かれました。……。その時、母親は居間でテレビを見ていたんです」

野中さんは一気に話した。短い時間だった。それからはっと我に返った。

「すみません……」

短い沈黙の後、彼女はまた静かに話し出した。

「この子のお産の時に、主人に勧められるままに私は里帰りをしました。みんなそうするらしいんです。あの人（母親）は食事を作ってくれませんでした。邪魔にされました。子どもを産んで一週間後に、『居候してるんだから、掃除ぐらいしなさい』と言われました。ここにはいられないと思って、主人に迎えに来てもらいました。主人に申し訳ないです」

そう言って野中さんは泣いた。

その声にびっくりして、赤ちゃんが目を覚ました。

赤ちゃんがママの方に近づこうとすると、野中さんは一瞬、怖い物を見るような顔をして無意識に後ずさりした。

桜井さんは、「ああ、このママは本当に赤ちゃんが怖いんだ。彼女は被虐だ……」と心のなかでつぶやいた。

緊急の診察で分かったこと

それから野中さんは、乳児院のショートステイの手続きをした。一週間の休養がとれた。

同じ頃に、保健師の桜井さんから私に電話が入った。

「先生、被虐のママが子育てで混乱しているんです。お嬢ちゃんを窓から投げてしまいそうだと言っています。それで今日から一週間、緊急でショートステイを使い始めたんですが、この間になんとか診察してくれませんか」

「追い詰められちゃったんですね。娘さんはいくつ？」

「一歳四カ月です。発達に問題ありません」

「ママは？」

「三四歳です。しっかりし過ぎているほどのママです」

「パパは？」

「ちゃんと仕事しています」

桜井さんからの情報（見立て）は、いつも正確だ。

「被虐ママ」の子育てSOS、娘一歳四カ月で発達は正常、しっかりママ、パパはきちんと仕事。

この四つの情報だけで必要十分、漏れはない。

「被虐ママ」とは、小さい頃に虐待を受けて、現在子育てをしている女性で、現場でそんなふうに呼ぶことがある。

緊急の診察の日、野中さんは桜井さんと一緒に診察室に入った。

「初めまして、事情は桜井さんからだいたいうかがっています。あらためてお聞きしますが、今日はどんなことの相談で来られましたか?」

「ええ、私、娘のことが怖くなって触れなくなってしまうんです。それで混乱してしまって桜井さんに相談したら、一度診察を受けたほうがいいと言われました……」

彼女は最近の子育ての不安から話を始めて、生活や家事の不安、自分の体調不良、緊張感、自責感を訴えた。

それから私の質問に答えて、里帰り出産のエピソードを語ってくれた。その時に私は短い感想を返した。

「そうですか。いきなり悪口になってしまうけど……、それはひどいお母さんですね」

野中さんはうつむいていた顔を上げて、小さな声で答えた。

「そう言っていただけると、ホッとします……」

彼女は小さい頃の家族の話、布団に巻かれて木刀で叩かれた事件など、子どもの頃からの虐待の話を語った。

四〇分ほどの診察が終わり、私は感想を返した。

「だいぶ疲れているようだから、ゆっくりやっていきましょう。普通のうつ病とは少し違いますが、疲れと緊張の強いうつ病ですね。ゆっくりすれば治ります。それから、お嬢ちゃんのことはこれからご自分の気持ちを整理できれば、自然と好きになれますから、心配はいりませんよ」

二週間に一回の通院を約束した。

子どもに「ママ」と呼ばせることができない理由

一回の診察時間は短い。その中で、私は娘のゆうちゃんの様子と野中さんの気持ちを聞いた。それから簡単な助言を返した。毎回、その内容は同じだった。つまり、子育ては今まで通りで問題ない、そのまま続けること、でも、これからは、新しいことを一つ付け加えること、それは、娘にたくさん声をかけること。

「ゆうちゃんに、たくさん声をかけてあげなさい。名前を呼んであげなさい。ゆうちゃんに挨拶してあげましょう。『ゆうちゃん、おはよう』、『ゆうちゃん、おやすみなさい』と言ってあげてください。

ごはんの時は『おいしい？』『おいしいね』って何度も聞いて、話して、確認してください。

服を着せてあげた時は、『ゆうちゃん、かわいいね』、『よく似合うね』と繰り返しほめてあげなさい。

抱き上げたら、『ほら、いい子』と言ってあげてください」

そんな助言をしながら、私は念のため確認した。

「ところで、野中さん、ゆうちゃんはあなたのことをなんて呼ぶの？」

「ええ、『まーちゃん』って呼びます」（真澄さんのまーちゃんである）

「そうですか。じゃあ、これからはまーちゃんは止めにして、『ママ』と呼ばせましょう。それにはあなたがゆうちゃんに話しかけるときに、例えば、『ママはね、ゆうちゃんのこと大好きだよ』とか、あなたが自分のことを『ママ』と言えば、自然とそうなりますからね。そうしてください」

私は何度も繰り返し伝えた。

彼女は、自分のことを「ママ」と呼べないママだったのだ。

実は、自分をママと言えない被虐ママによく出会う。

彼女たちは子どもにママと呼ばせないだけでなく、自分の母親のことも、ママとかお母さんとか呼ばない。不思議なことに、共通して実母を「あの人」と呼ぶ。

なぜ彼女たちは自分のことを「ママ」と呼ばせず、また実母を「あの人」と呼ぶのだろうか。

それは、次のような理由からである。

当たり前のことだが、言語はその社会の中で意味を共有されている。そして、共通の意味の背景には共通の人間理解がある。「ママ」、「お母さん」は生物学的に自分を産んだ人という意味だけではなく、人間的、社会的な意味を背負っているのだ。

子どもは、最初は家の中で「ママ」という言葉を覚える。ついで、幼稚園・保育園、小学校と進むにつれて、「ママ」という言葉の社会的な意味を学ぶ。普通は家で覚えた「ママ」の意味と、社会的に使われている「ママ」の意味との間には大きな差異はない。社会的に共通の「ママ」は、優しいママだったり、怖いママだったりするが、でも、それはいつも子どものことを心配している人で、何かがあったら助けてくれる人である。

被虐は意味のちがいに混乱する。周りのみんなはそういう意味で「ママ」を使う。でも、うちの「ママ」はそれとは違う、らしい……となって、次第に「ママ」を使えなくなり、代わりに「あの人」と言うようになる。

例えば、幼稚園で転んで泣いてしまった。そんな時に先生が慰める。「大丈夫よ、もうすぐ、ほら、ママが迎えに来るよ」と。それはあなたが一番大好きで、一番安心できるママがくるから痛くないよ、怖くないよ、という含意である。それが、社会で共通に使う日本語の「ママ」という意味である。

しかし、そんな言葉で慰められた時に、被虐児は安心ではなく、恐怖を感じる。泣いている自分を、先生が「ママ」と呼ぶ「あの人」に見られたら、帰ってから家で叩かれる――とそう思う。その時に子どもは、幼稚園の先生の使っている「ママ」という言葉は、自分の家のママのことではないと知り、それからは「あの人」となるのだ。

そして、彼女たちが結婚して子どもができた時、ママを知らないママは、子どもに自分を「ママ」とは呼ばせることができずに、名前を呼ばせる。自分が社会的に「ママ」と呼ばれていい存在であるのかどうか、自信がないのだ。


自分のことをママと呼べないママと、その娘との間の愛着関係はどうなっているのだろうか。被虐ママ（野中さん）とその子ども（ゆうちゃん）との間の愛着関係について考えてみる。

まず、この二人の親子関係には普通の愛着関係が成立していないのではないか、と心配になるかもしれない。特に心理関係の専門家の読者は、「愛着障害」があるのではないかと考えるだろう。しかし、まったく心配はいらない。この二人の間には自然の愛着関係ができあがっている。

その証拠は、野中さんがゆうちゃんを怖がってしまうという事実にある。

彼女は、小さい頃からずっと母親の愛情を期待しながら、結局、それを与えてもらえなかった。期待が裏切られ続けると、次第に愛情を拒否するようになり、無意識のうちに愛情を向けられることに恐怖を感じるようになる。このことは前節の被虐待児の「試し行動」の事例で説明した。

この強力で、かつ無意識の愛情の抑圧は通常は解放されることはない。しかし、無邪気に、何の疑いもなく愛を求めて近づいてくる子どもがいると、被虐ママの強固な抑圧に危機的な揺れが生じる。

ゆうちゃんがママを求めて近づいてくる。彼女は無邪気に愛情を求めるゆうちゃんの姿にたじろぐ。その行動に愛情で応えることは、しかし、自分の中で抑圧してきた愛情の封印を解くことになる。もらってはいけない愛情は、与えてもいけないものなのだ。

ゆうちゃんに応えてしまったら、彼女の今までのがまんがすべて壊れ、抑えていた恐怖が噴出してしまう。野中さんの人生が崩壊する。だから、我が子に応えてはいけない。こうして、彼女は愛情を向けられると、体は恐怖に反応して後ずさりするようになる。

彼女にとって子育ては愛情を抑圧し、義務を果たすだけの行為だった。それをこなしてきたのに、さらにそんな恐怖と葛藤を突きつけられてしまう。もう対応できない、

疲れてしまった。だから、

「もう、この子はいらない」

そう叫んでしまうのだ。

愛着をもとめるゆうちゃんと、それに応えてはいけないとブレーキをかける野中さん、それは二人の間に愛着関係があるからこそ生まれる辛い葛藤である。

母親が子どもの愛情を受け入れる

通院を開始して三カ月後の、ある日の診察。

「ゆうの言葉が急に増えました。ゆうがたくさん話すようになりました」

その時、野中さんは娘のことを「ゆうちゃん」と呼ばず、「ゆう」と呼んでいた。治療を始めてから三カ月の間、彼女は娘のことをずっと「ゆうちゃん」と呼んでいたのだ。

「最近、ゆうは私に向かって、『ママ、かわいい、ママ、かわいい』と言ってくれるんです。

私は髪振り乱して、鬼のような形相で子育てしてきました。この年でもう半分まで白髪になっていたけど……。その私が穏やかになったと、夫に言われました。私はゆうに『かわいい』と言われて戸惑っています。どう返したらいいのでしょうか。

子どもからそう言われると、むずがゆい。分からない感覚、初めての感覚、これが『うれしい』ということなのでしょうか」

「へぇー、ゆうちゃん、そんなこと言うようになったの、やっぱりママのこと大好きなんですね」

「えっ？　ゆうが、私のこと、大好き？　なんですか」

「そうですよ。当たり前じゃないですか。子どもはママが一番好き。世界で一番大好き、に決まっているんですけど、それをゆうちゃんは言えるようになったんですね」

「それって、先生、決まっているんですか？」

「そう、決まっているんです。ゆうちゃんは、ママが大好きなんです。生まれてからずっとママが好きなのは決まっているんです」

「ゆうが私のこと、好きだった、ずっと……」

彼女の目に涙がにじみ、すーっと一筋、頬に流れた。

三四年間、かたくなに守っていた抑圧が壊れた瞬間である。

愛情を期待してはいけない、と厳しく自分に言い聞かせてきた戒律をゆうちゃんの笑顔が壊した。

ゆうちゃんはもちろん生まれた時から、無邪気で素直な愛情を野中さんに向けていた。しかし、それを彼女は無意識に拒絶してきた。

愛を受け取らずに、義務を果たす、それが彼女の子育てだった。おっぱいをあげる、げっぷを出してあげる、そうするとゆうちゃんが気持ちよくなる。そのゆうちゃんの反応を彼女は感じていた。しかし、感じないようにしてきた。泣いているゆうちゃんのおしめを交換する。そうするとゆうちゃんが満足する、それを彼女は、自分のことのように気持ちよく感じていただろう。しかし、それは感じてはいけないことだった。ゆうちゃんに対する自分の反応を、彼女はすべて棚上げにしてきた。ゆうちゃんに愛情を感じてはいけなかった。

彼女は、「ママ」という言葉の意味を正確に理解している。だから、その言葉を使ってこなかった。その言葉を使えるようになったということは、世間と共通のママだと自分で認めたことである。

次第に、彼女は愛情を恐れなくなった。

素直にゆうちゃんの愛情を感じ、ゆうちゃんの愛情を受け入れ、ゆうちゃんに愛情を与え、そして自分に愛情を与えた。

「先日、友だちが赤ちゃんを連れて遊びにきてくれました。最近知り合った近所の人です。こういうのを、『ママ友』って言うらしいです。初めて知りました。互いに『○○ちゃんのママ』として呼び合うような感じが最初は馴染めなかったけど、でも、慣れました。

それから、友だちが自分の家に遊びにきてくれたのは、私には生まれて初めてのことです。

私は手作りのお菓子を用意して待っていました。その人は全部食べてくれました。普通におしゃべりして気持ちが通じ合う。普通の話をするのに安らぎを感じました。私の話を聞いてくれて、私も彼女の話を聞いている。話が途切れて静かになったら、何か嬉しい気持ちがわいてきました。

赤ちゃんがぐずった。その人は自分の子をあやしていました。その仕草と声がとても優しかったです。『優しいな、みんな、こうするんだ』と、私は見ていて嬉しかった。

なんてのどかで、安心な時間だろう。世の中の人はこうして暮らしているんだろうか。みんな一緒にいる、普通にしゃべるという幸せを持っているんだ、と思いました。私も少しだけど、それができるようになりました。

ゆうのおかげです。この子を大切にしたいです」

子どもとのふれあい（愛着関係）を通して、経験できなかった子ども時代を取り戻す。

時間が逆転する。心は自由に時間をさかのぼり、この世に生まれてからずっと期待していた安心、愛情と称賛を手に入れる。過去に虐待された事実は消えないが、その意味は変わる。原因は動かないが、結果が変わる。心の事実を知ることによって過去が変わるのだ。

当たり前の世界を、そのままに、楽しんでいく。それがなんと幸せなことかと野中さんは思った。その時に何か時間が止まっているような錯覚に襲われた。彼女の中で時空が変わったのだ。

被虐ママは豊かに愛情を取り戻す。それまで味わったことのない愛情、知っているけど見ないようにしてきた愛情。それを生まれて初めて体験する彼女たちの心は、深いところを見ている。

普通の人が見ていないものまで、見えるようになる。

第五章 心はさらに広い世界へ

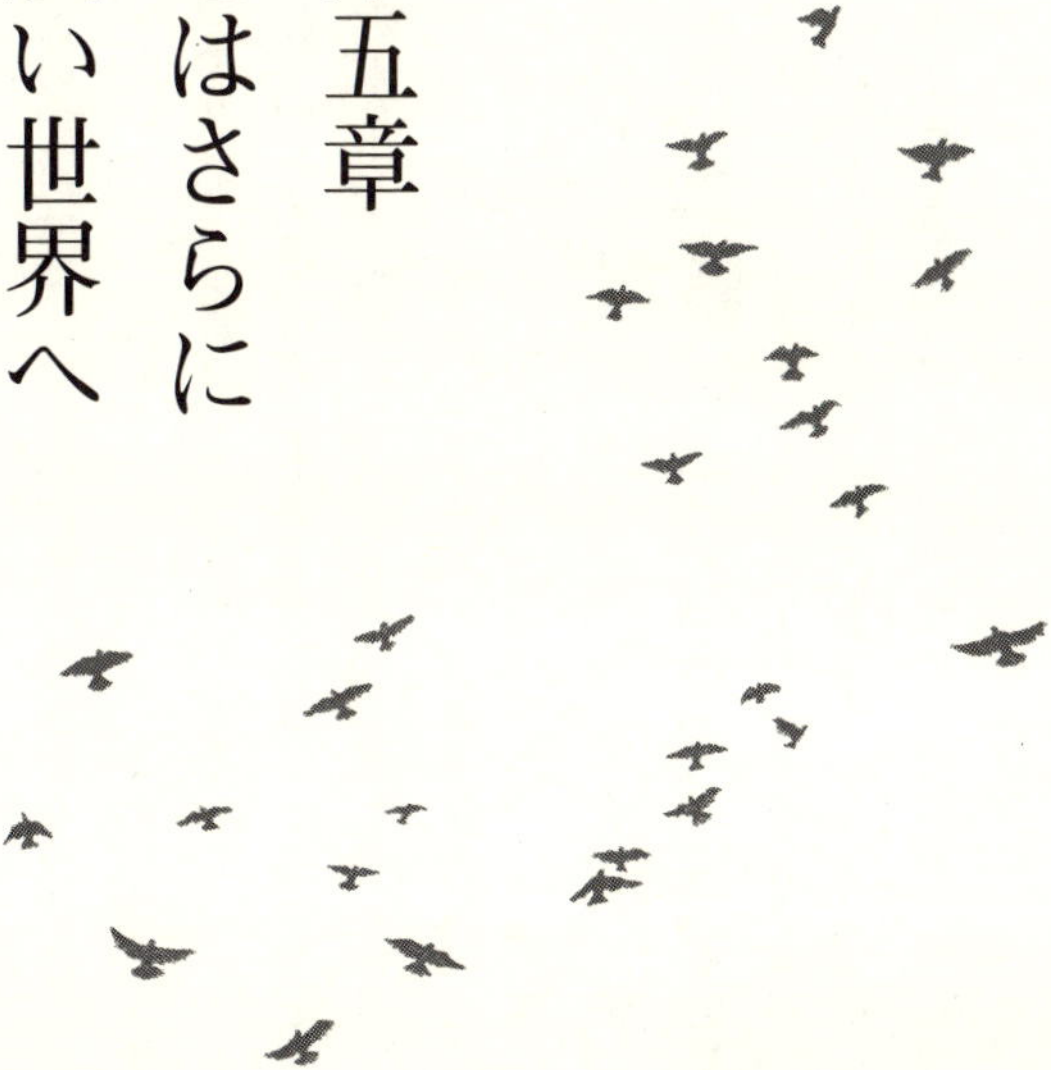

存在には、社会的存在と生命的存在の二つがある

第二章で、心理的世界を同心円の図式で説明した。

繰り返すと、この宇宙では三つの心理的世界が同心円状に広がっている。①もっとも内側の円は「普通の世界」を表し、心理カプセルの内側と表現した。②その外側に「辺縁の世界」があり、③一番外側には宇宙がある。

親との豊かな愛着関係の中で育った普通の人は、心理カプセルの内側に住んでいる。そこは社会的存在が確立されていて、誰もそれを疑わない世界である。つまり、自分がいる、生きている、存在する、というのが当たり前の世界である。どこに自分がいてもいいし、いてはいけないと言われる筋合いはない。学業、仕事、結婚、子育て……と人生のそれぞれの節目で悩み、喜び、恨み、悲しみ、楽しんでいる自分のすべてが、今ここに自分が存在する、という揺るぎのない確信の上にある。

その土台の上に立って、人はいかに生きるべきかを話題にする。どう生きるべきか、どんな生き方がいいのか、人生の大切な価値は何か、などである。

一方、異邦人が生きてきたのは「辺縁の世界」である。そこでは社会的存在は曖昧で、彼らは確信を得られず、いつも自分の存在に戸惑い、不安定に生きている。

いかに生きるべきかを考える前に、生きているのかどうか、を疑ってしまう。だから、異邦人が、普通の人が熱心に人生を論じているのを聞くと、どうしてそんなに夢中になれるのだろうと不思議な距離を感じてしまうようだ。うらやましいと思ったり、ずるいと思ったり、なんでと不安に思ったり、へぇーっ？　と気持ちが引けてしまう。その距離感は彼らの存在の不安定性を表しているが、しかし、逆の言い方をすれば、辺縁の世界から見ると、みんなが信じている社会的存在がそれほどまでに絶対なのかと醒めた目で眺めているようでもある。

彼らには社会的存在の限界が見えているのかもしれない。

その証拠に、彼らは、時々、社会的存在を前提とした文脈では理解できない、ある意味ちぐはぐな、でも何か不思議なことを語ることがある。それが何であるのか、私は長い間分からなかったが、妙に興味をひかれてきた。それは人に囚われない何か超然とした態度でもあった。私が彼らから教えてもらった大切なものがそこにある。

これまで述べてきたように、社会的存在は、社会の中の自分の相対的な位置とか、他人との関係によって測られ、他人とのつながりの中で自分の人生や生き方を定義し、その中で初めて心を安定させている存在である。この意味で、社会的存在は他人の存在を前提とする相対的存在である。普通の人はこれが存在のすべてであると信じて疑わない。

実は、この社会的存在は存在のすべてではない。社会的存在の背景には、特別の場合を除いて通常は意識されることのない生命的存在があり、それはこの世に生まれてきた、そしてただ生きているというだけの存在である。生まれてきたから存在するという絶対的存在である。時々、異邦人の報告の中に見え隠れするものがこの存在様式である。

同心円の図式で説明すると、絶対的存在は、普通の世界、辺縁の世界の共通の背景にあり、あらゆる活動の「地」としてある。そのために、普段は気づくことがない。そして、おそらく、同心円の一番外側では宇宙的なものと融合していると思われる。

これを意識するのは、例えば重篤な病気になり、「あなたの余命はあと半年です」と言われたり、あるいは何か他の事情で自分の死を自覚した時である。その時、それまでまったく意識しなかった生命的存在、すなわち、絶対的存在が一気に目の前に現れる。自分の存在は何だったのか、なぜ自分が生まれてきたのか、自分はいたのか、という問題である。一方、社会的存在の中で考えてきた問題、つまり、人生をどう生きるべきかという議論は意味を失う。それまで「図」であった社会的存在と、「地」であった生命的存在とが反転するのだ。

絶対的存在である生命的存在は、余命宣告がなくても意識に上ることがある。例えば、人里離れて一人、山の中で星を見上げ、百数十億年前にできたというこの宇宙に思いを巡らせ「我を忘れている自分」になった時、あるいは、窓から雨の庭をぼんやりと眺めて雨だれの音と一体になっている「無の自分」になった時である。そこには社会で共有された時間と空間はない。見上げた星はいつも暮らしている街で見る星とは違う星であり、あなたの社会的存在の時間的空間的一貫性を支持してはくれず、あなたは忘れ去られている。

星を見上げていた自分が宿に帰ろうと思い、自分の位置と帰り道、宿の方向に思いを巡らした瞬間に、時空は再び元に戻り、生命的存在は「地」に退いて意識から消える。同じように、雨だれの音から意識が離れ、ああ、今日は日曜日だと思った時に、私たちは社会的存在の心理カプセルの中に戻る。

こうして「地」が意識されず、安心して人生の「図」を描いていられるのが、「普通の世界」＝心理カプセルの内側の存在である。

一方、異邦人（被虐待者）が生きている「辺縁の世界」では、社会的存在はいつも不安定である。彼らはその確信を持てない。それ故に、「普通の世界」では「地」に退いている生命的存在が、「辺縁の世界」では顔を出している。彼らは二つをどちらも曖昧に感じ、迷っているのだ。それが彼らの不安である「存在の不確かさ」であり、また社会にとらわれない異邦人性でもある。

「普通の世界」＝心理カプセルの内側の世界に生きる普通の人々の存在感と、「辺縁の世界」に生きる異邦人とのそれを比較しながら、相対的と絶対的な二つの存在のあり方を明らかにしていこう。

あることを知るためには、それから一度離れなければならない。離れることが、知ることである。自分を知るためには、自分から離れることが必要だ。つまり、社会的存在から離れる必要がある。

離れた場所は「地」と「図」がともにあり、二つの存在が同時にある場所である。

存在のすべてがある場所で、人はそこで宇宙と対峙《たいじ》する。最初にそこに足を踏み入れた時は、「地」と「図」の両方が同時に見えて、どちらにも優先順位が付けられずに、深い目眩《めまい》を感じるだろう。

そこに到って、私たち「普通の」存在と彼ら「異邦人の」存在とが、地下水脈のようにつながっていたのが分かる。

子どもに、この世で最初の、また、一番の安心を与えるはずの母子の「愛着関係」、ボウルビィ（一九〇七—九〇年・イギリスの医学者、精神科医）らはすべての心の発達はそこから始まるとした。コフート（一九一三—八一年・オーストリアの精神科医、精神分析学者）の「自己愛」もまた乳幼児期の親密な母子関係を前提にし、同様に、エリクソンは母親的人物との交流によって人に対する「基本的信頼」が確立するとした。愛着関係、自己愛、基本的信頼と、言葉や定義は異なるが、そこが人の安心が生まれる出発点であり、社会的存在として人生を生きる自我同一性の土台であることに変わりはない。

あらゆる心理学は、この暗黙の安心を起点にして組み立てられている。

しかし、そうであるがゆえに、心理学が見逃しているものがある。

それが、社会的存在を超えた絶対的存在である。

このテーマは、ごく普通の安心と幸福の中で生きながらも毎日四苦八苦して暮らしている普通の人にとっては、人の幸せとは何か、人生の楽しみとは何かを、もう一度、根底から考えさせてくれるはずのものである。

（1）社会的存在の範囲を生き直す

信じようとしてきた「人とのつながり」はファンタジーだった

水元雄一さん、三七歳。彼は妻と四歳の一人娘との三人家族である。

その彼が人生の大転換を語ってくれた。彼は三七歳にして自分が被虐待児であったことを知った。信じようとしてきたものがなかったと分かり、生きる支えを失った。人生が崩壊した。

「先生から虐待のことを言われて、一カ月が経ちます。

母親に知的障害があったということ、自分は普通の子どもではなかったということを知りました。

診察でそのことを伝えられたのは、土曜日でした。

クリニックから家に帰って、妻に『しばらく一人にさせてくれ』とだけ言ってベッドに横になった。体が動かなかった。夕方、妻が食事だと告げに来たが、その時も『お腹は空いていない。大丈夫だからしばらく一人にさせてくれ』とだけ答えたらしい。

その晩は眠らなかった。

翌日曜日もずっとベッドの上にいた。周りで何が起こっているのかは分かっていたつもりだが、頭に情報が入ってこなかった。だから何も考えていなかった。壁、天井、シーリングライトは理解できた。覗き込む妻の顔を見て、ああ、妻だ、優しい人だ、結婚しているんだった、心配そうな顔をしている……と認識できた。その妻には、何度も同じことを説明していたようだ。

『とてもショックなことがあった。でも、それは悪いことじゃないから心配はいらない、もう少し一人にさせておいてくれ』と。

その晩も眠らなかった。月明かりが微かに映る天井を認識していた。

月曜日の朝、リビングに出て行って、妻に今日は会社を休むと言って、職場に電話を入れた。覚えていないが、仕事の打合せをしていたと後で妻から聞いた。それからまた横になった。

妻が、救急車を呼ぶから病院に行こうと何度も勧めていたらしい。

『大丈夫だ、心は死んだけど、体は生きているから』

そう言って、救急車を呼ぶのを止めたようだ。

同じように火曜日も休んだ。

土曜日からの四日間、自分は動けず、ずっとベッドの上にいた。一睡もしなかった。

妻に言われるままに水とお茶は飲んだらしいが、覚えていない。

そして、水曜日から出社して普通の生活に戻った。

まだ頭の中の整理がつかない。定まらない。どこを起点にものを考えていいのか分からない。

『被虐児だった』と言われたことは、その通りだった。言われて自分の人生のすべてが見えた。

『母に障害がある』と言われて心が消えた。苦しんできた自分が全部見えた。生きづらさの疑問がすべて解消した。何もかもきれいに見わたせた。

それで何もかもがなくなって、それから定まらない。

それは混乱というのとは違う。すべてが見えたから、もう混乱はない。コンパスの軸になるほうの針をささずに、円を描こうとしているような感じだ。空を切っている。どこか一点が定まっていないから、何も進まない。

気持ちがついて行かない。いや、気持ちがついて行かないのではない。気持ちはもう動いている。ガラガラと大きな音を立てて動いた。別の場所に行ってしまった。だから、頭がついていかないと言ったほうが正しい。

古い私は崩壊した。死んだ。そして、私は変わった。でも、どう変わったかを頭が理解できていないのだ。だから、考えようとすると混乱する。

三七年間、普通に生きようと努力してきた自分は何だったのか。これから普通の人と同じ世界で、普通の人と競争して、一緒に生きていくのは無理だ。どう考えても勝ち目がない。どうしてこんな大きなハンデを背負わないといけないのか。求めてきた普通の生活はもう得られない。

じゃあ、どうしたらいいんだ、と思って、そこで、思考が消えてしまう。

全部が見えて軽くなったけど、そうしたら、生きている理由がなくなってしまった。何も知らなければよかった。あのままずっと苦しんでいたほうが、つじつまが合って、人生に納得していたかもしれない」

彼が期待してきたものは、子どもならば誰でもが母親に期待するもの、大人であっても人が一番欲しいもの、つまり、人とのつながり、安心と愛情と称賛である。それを期待して彼は生きてきた。父親から叩かれても、母親に分かってもらえなくても、それは何か理由があるはずだから、あるいは自分が悪いのだから、いい子になれば、と信じて期待をつなぎ、裏切られてもまた次の期待をつないで生きてきた。

その期待は、実現できないままにいつしかファンタジー（空想）になり、遠い雲の上の母のイメージになった。彼の心はファンタジーの中でかろうじて人とつながっていた。あるいは、つながっていると信じていた。それが彼の人生を支えていた。

ある日、ファンタジーが崩壊した。

何もなかったのだと分かった。

不十分なつながりでも、ファンタジーでも、人とつながっていると信じていれば、彼はかろうじて「社会的存在」だった。多くの人が住む心理カプセルの内側は社会的存在を疑わない普通の世界である。彼が生きていた辺縁の世界は不安定な社会的存在をかかえて、揺れている世界である。つながっているのを信じて疑わないか、信じようとしているかは、二つの世界で異なるが、人とのつながりを大前提としていることは共通だ。彼は自分の人生の秘密を知って、そのつながりを壊されてしまった。「心が死んだ」とはそのことであった。

多くの読者は彼のショックを理解できないかもしれない。そうはいっても彼には家族がいるし、仕事も普通にやってきたじゃないかと思うだろう。それには、例えば、あなたが二〇歳になったときに親から「実はお前はウチの子ではなかった。親は他にいる」と打ち明けられたことを想像すれば、彼のショックの幾分かは理解できるかもしれない。

彼は話を続けた。

「普通の人と同じように、安心して人生を送りたい。人からほめられて喜びたい。お金をもらって達成感を味わって、ああよかったなと思って人生を送りたい。その『普通に』なることを望んで生きてきた。それを諦めればもう苦しくならないのか。でも、それを諦めたら何があるのか。

私が人とのつながりを持てなかったということは、人の気持ちが分からないということなのか。そうじゃない……。長い間、心の旅をしてきた。がまんしてきたけど何も得られなかった。ただ疲れただけだった」

人生の意味を組み替えるには、それまでの三〇年間はあまりにも長い。

彼の意志とは別に、心は動いて行ってしまった。

そして、心は軽くなった。

重荷が消えていた。空は晴れ上がり、空気は澄んで、すべてが見え、すべてを失っていた。

しかし、心の崩壊は、新しいものを生み出しつつあった。

それからさらに二カ月後、彼は今までとはまったく違うことを語り始めた。

「自分を責めないと、ぶれない」という発見

「相変わらずぎりぎり、疲れている。でも、勘違いかもしれないけど、変化が出てきた気がする。

同じように心は宙にあって、毎日ぶれるけれど、もう一人の自分がそれを見ていて実況中継しているのに気づいた。そのアナウンサーは私のことを、『怒っているようです』、『イライラしています』、『少し気分をよくしているようです』などと言う。

それを聞いていたら、そんなこと分かっているよ！　と言いたくなって、いちいち自分のことを考えるのが馬鹿らしくなってきた。ずっと一人で自分と格闘してきたのが分かった。自分と格闘して、自分でぶれてきた。

それから、私がぶれると妻も子どももぶれるな、と分かるようになった。

そう思って過ごしていると、気がついたら最近、自分があまりぶれなくなっていた。イライラが少なくなった気がする。自分を責めなくなってきている。

それで最近、発見した。

『自分を責めないと、ぶれない』

それが分かったら、そうか、自分をずっと責めてきたんだと分かった。三〇年間自分を責めて生きてきた。今、自分を責めないと心が揺れない。自分を否定しないとぶれない。

実況中継している自分は誰も責めていない。私のことをただ客観的に描写している、解説はしない。ただ見ていてくれる。あの実況中継はそういうことを教えようとしていたのかと、納得した。自分を責めないと、人を責めることもなくなっていた。

ぶれないというのは心が安定して動かされない、動じないことかと思っていたが、『動じない』という表現に何か違和感があった。ある時、ふと、『安定じゃなくて、そうか、安心だな』と思ったら、腑に落ちた。

それから、じゃあ何に安心できるようになったのかと考えた。これも以前の思考経路とは違って、何かに安心じゃなくて、何かが『ない』ことが安心なんだと感じていた。何かを手放した安心だと思ったら、また腑に落ちた。

それから、何を手放したのだろうかとしばらく考えていた。

自分の中から、何かをしなくてはいけない、何かを求めないといけない、が消えている。そうしない自分はダメだ、が消えている。義務感とか自責感が小さくなって、心は安心しているんだな、と分かった。

自分は義務感を手放した。

そうしたら自分を責めなくなって、心はぶれなくなって、安心した。一連の流れが見えた。義務感は『人とのつながり』から生じることだとも考えた。では、それも手放したのか？　と思って、そこで思考を止めた。あえて保留にしておこうと、思った」

もう彼は無理に結論を出そうとしない。しなければならない、がなければ、いちいち結論に到らなくてもいいのだ。分かったところまで分かっている。分からないところはそのままだ。

彼は社会的存在のしがらみから離れたようだ。

「自分がぶれなくなったら、妻の疲れが見えてきた。私が方向性を見失って苦しんでいるので、妻も辛くなっている。『いったい私はどうしたらいいの、こんなにあなたのことを心配しているのに！』と怒っている妻が、台所の後ろ姿の中に見えた。私がそうさせていた。

それが客観的な映像のように見えた。妻は心配してくれているんだ。それが分かって楽になった」

再び「人とのつながり」の中へ戻る

「母とのつながり」、愛着関係を信じようとしてきたファンタジーが崩壊した。ないものを「ある」と思って生きてきた。でも、「ない」と分かったら、同時に義務感が消え、自分を責めなくなった。彼を縛ってきた規範がその力を失ったのだ。

しかし、その代わりに頼るべきもの、人生の指針となるものもなくなった。人生を理解できなくなり、「ただ見ている」という視点だけが残った。宙に浮いた心はただ現実を見ていた。愛着や自己愛や信頼の中から自分と人とのつながりをみるのではなく、そこに戻れない彼は、いつの間にか心理カプセルからも辺縁の世界からも離れて人生を見ていた。

実況中継のアナウンサーが、その彼だった。

そして、離れることが知ることであり、それは責めないことと同じことだった。

彼は今、自分と世界との関係を再構築している。

「朝、妻が娘（四歳）とけんかをしていた。『まったく！　だめじゃない！　早くしなさい！　遅れちゃうでしょ』と妻は怒っていた。娘はいっこうに着替えようとしない。反抗している。

以前は、妻が娘を叱っているのを聞くと怖かった。聞きたくなかった。でも、その朝はそうではなかった。ああ、怒っているな、ああ、反抗しているな、と安心して、微笑ましく感じて、二人の言い合いを聞いていた。

それから、夕方。朝のけんかが嘘だったように、妻と娘が楽しそうに会話している。『ママね、今日ね、幼稚園でね……』と娘が報告している。何かを自慢しているようだ。妻が、『ええっ、そうなんだ。すごいね』とほめている。ああ、これって称賛だ。うらやましいな、かわいいなと思った。

『じゃあ、ママはこれからご飯を作るからね。今日は絵梨佳の大好きな唐揚げだよ』

『わぁー、いいな、絵梨佳もお手伝いする！』

私の頭の中に言葉が浮かんだ。

『幼稚園で何かいいことあったのか、パパにも教えてくれよ』

思わず浮かんだその言葉に自分でびっくりした。でも、それを口には出さなかった。

そして、いつかはそれを口に出してみようと思った。それは楽しそうだと思った。

その時に、自分の中でさらにもう一つの何かが壊れて、ストンときて、楽になった。

不思議な感じがした。

そうしたら、『ああ、みんなはこんなところで生きてきたんだ、いいな、それはうらやましいな』と思った。

みんなは、豊かで色鮮やかな世界に生きている。自分も今、その輪の中に入った。『なんで分かってくれないんだ。ひどい人生じゃないか』という声が小さくなった。代わりに、今は『はいはい、そうですか。確かに大変だったんですね』とぶれないで、その小さくなった声に答えている自分がいる。

引いて見ている。手を放して参加している。自由に人とつながっている。そして、自分を責めていない。

暗く湿った森の中を泥にまみれてさまよっていた自分が、今は空を飛んで、森や美しい沼を見ている。そんな視点で生きている気がする」

人とつながっていたい、つながらないといけない、というファンタジーが崩壊して、彼は宙に浮いて、ただそこに「いる」だけの存在になった。それから、彼はもう一度家族とつながった。今度は昔と違って、義務感を伴わない人とのつながりだった。

(2) 二つの存在を同時に生きる

心は「安心」を得たいと欲している

心が一番欲しているものは、「安心」である。不安を避けて、安心していたい。心のもっとも基本的な欲求だ。

安心を感じ、保障し、維持していくために、「感情の共有」と「規範の共有」が機能する。それが社会的存在である。

優しい家族、親しい人との愛情を確認して、小さなことでほめられて、みんな同じことを感じているんだと実感できると、ああ、自分がいる、自分がいていい、自分が認められていると安心する。「感情の共有」だ。

しかし、心の安心はいつまた失われるかもしれないという不安を伴う。もし裏切られたら、もし嫌われたら、もし仕事を失ったらと、不安が広がる。それを抑え、安心を保障するために、私たちは「規範の共有」という仕組みを作り、維持する。

述べたように、「規範の共有」とは、倫理観とか、道徳観とか、社会規範、常識などを共有することである。これらを守っていれば、安心は保障されると私たちは信じて、自分に言い聞かせて、納得する。

心の内側から規範を見ると、あなたが何かに失敗した時に、例えば、友だちを裏切った時に、自分を責める材料にするものすべてが「共有された規範」である。人の道に反することをしてしまった、自分だけの我がままでやってしまった、相手のことを考えなかった、ルール違反をしてしまった……と責める材料はつきないであろう。そのすべてが規範を作り上げているものである。

さらに、何か特別の失敗をしていなくても、あなたは毎日起きてから眠るまで自分を責め続けているかもしれない。もっとがんばらなくてはとか、自分には努力がたりないとか、またネガティブに考えてしまったとか、これらも規範から生じるものである。

だから、規範の共有とは、人とのつながりを保障して安心を与えてくれるものであるし、一方、それは自分を責める材料ともなるものである。

規範を守って、安心を確信して、時々は自分を責めて、人生を営む。これが心理カプセルの中で生きることであり、社会的存在を続けることである。

被虐待者が感じる心理カプセルの境界線

感情と規範の共有は、生まれてからずっとその中で暮らしていると、あらためて意識することはない。暗黙の前提、気づかれない土台である。
感情と規範の共有がどんなものであるか、三つの例をあげて理解を進めていこう。

［1］ドラマの共通テーマ
テレビドラマや小説の永遠のテーマは人とのつながりを確認することであり、家族愛や人間愛のあり方を探ることである。本書の視点から言えば、規範の中で生きる心の葛藤を描いて、あらためて安心を確認することである。
例えば、こんなテーマがある。親が子どもに自分の考えを押しつけて、子が激しく反発していた。しかし、後になって、実は子のことを深く考えた上での行動だったと分かって、親子が和解する。

その時に、和解に感動する人もいるだろうし、いや、親子はそんなにうまくはいかない、嘘っぽいと反発する人もいるだろう。賛成、反対はあっても、二つは共通の倫理観を前提にした感想である。なぜなら、こういうテーマが選ばれたこと自体に疑問を感じていないからだ。

一方、異邦人の感想を聞くと興味深い。彼らは、どうしてこれがテーマになるのかと疑問を持ち、物語の結果に感動もしないし、また反発することもない。まったく異なる感想を述べる。

たとえば、「ああ、やっぱり親は子をそう思うんだ。親を大切にしないといけないんだ……」という恐怖である。あるいは、「親子はそう思うんだ。知らなかった」と感じて不安になる。彼らは規範の外側にいるので賛成、反対がなく、代わりに、自分は別世界にいるようだ、と疎外を感じるのだ。

〔2〕自殺に対する考え方

誰かが「自殺したい」と漏らした時の反応を考えてみる。

多くの人は、「何か大変な理由があるんでしょう。それを解決して、がんばって生きていこうよ」と言いたくなる。これが規範を共有している人の正しい反応である。社会的な正義を代表するマスコミは、この視点で自殺を報道する。もちろんこれとは逆に、「同感だ。私もそうしたい。こんな世の中、生きていても意味がない」と言う人もいるだろう。これは、同じ心理カプセルの中での反対（アンチ）である。賛成と反対とで意見は異なるが、規範を共有していることに変わりはない。

一方、「自殺したい」と聞いて「うん、そうだね。でも、自殺していい理由を探すの、大変でしょう」などと、しみじみと同情するとしたら、その人は異邦人かもしれない。規範を基準にして自殺の善し悪しを判定しないのだ。

［3］例外的な異常体験

異常な出来事に遭遇して、普通の人が心理カプセルの外側に弾き出されてしまうことがある。規範の中では、絶対に許されないようなことが起こった時である。

戦争が一番分かりやすい例であろう。家族のため、人とのつながりを維持するために戦ったが、得られたのは悲惨な死と混乱だけで、何も残らなかった。人々は信じていた価値に裏切られ、絶望の中に放り込まれる。規範が人とのつながりを維持する力を失うのだ。その中で人が探し求めるものは、規範を超えたもの、人の社会的な存在を超えたもの、実存とか、存在そのものと言われるものである。

ナチスの強制収容所の体験をフランクル（一九〇五―九七年・オーストリアの精神科医、心理学者）は『夜と霧』という本に書いた。そこでは人を信じようとする生き方は、根底から破壊された。残ったものは社会とか、倫理とかを超えた、ただの人の命、生命的存在だけだった。収容所の中で自殺を考えたとしたら、上に述べたように、自殺が「いいか、悪いか」にはならないはずである。もっと違う議論になる。

私たちの心の広さは、共有する感情と規範の範囲である。しかし、それが心のすべてではない。

実は、心はあなたが思っているよりもずっと広く、その外側にも深いところにも広がっている。

異邦人の証言は、その広い心の可能性を見せてくれた。

さて、第四章とこの第五章で、異邦人の回復の道のりを追ってきたが、回復の方法

は理論的には二つある。つまり、

①社会的存在を生き直す方法（規範と感情を共有する）

②社会的存在と生命的存在をともに生きる方法

この二つである。

二番目の、社会的存在と生命的存在をともに生きる方法は、社会的存在を生きながらもその中に完全には入り込まずに（つまり、規範を背負い込まずに）、存在の一番深いところの生命的存在を維持しながら生きる方法である。

第四章では、①社会的存在を生き直す方法を紹介した。

この第五章では、②社会的存在と生命的存在をともに生きる方法を紹介している。水元さんはその例である。彼は妻や娘と心を通じ合えて、感情の共有を生きなおすようになった。しかし、「規範の共有」の中に完全には浸かっていない。その証拠に、彼の自責感は消えている。

異邦人は最初から安心の辺縁に追いやられていたので、社会的存在と生命的存在をともに生きる幸せを見いだす嗅覚は、普通の家庭に育った人よりも鋭いかもしれない。

二つの存在を生きるのは、普通の家庭で育った人々にとっても魅力的な世界である。

(3) 二つの存在を生きる

社会的存在と生命的存在をともに生きるには、囚われてきた社会的存在から一度離れなければならない。離れることが自分を知ることである。

異邦人にとっては社会的存在は頼りにならず、曖昧なものであった。しかし、そうであっても、その枠から離れる時には精神的な混乱を経験する。

自分は被害者ではなくて加害者だった

木内桃子さん、四三歳。夫と二人暮らし。子どもはいない。

母親からネグレクトと心理的虐待を受けて育った。また小学校四年生から中学を卒業するまで、父親から性的虐待を受けていた。

彼女は中学卒業と同時に家を逃げ出して、一人で上京した。会社の事務員として遅くまで残業を続け、ファミレスのウエイトレスとして広い店を一日中駆け回り、ホステスとして明け方まで働いた。休むことを知らない孤独な人生だった。

二九歳の時に結婚し、生まれて初めて眠れる夜を知った。しかし、それからも一四年間、心の緊張は続いていた。

クリニックを受診したのは二年前だった。

ある時、職場に向かう電車の中で激しい動悸と呼吸困難に襲われ、電車に乗れなくなってしまった。パニック障害である。自転車で三〇分かけて通勤するようになった。

薬物治療を受けて、症状はいくぶん軽くなった。それから彼女は、カウンセリングで小さい頃から受けてきた虐待を語ることができた。すると、一年ほどで症状はきれいに消えた。

しかし、それ以後も彼女はクリニックに通い続けていた。心の回復は、普通の社会に復帰しただけでは止まらなかったのだ。彼女の心の変化は社会的存在を超えて、さらに加速していくように見えた。彼女は、それを語り続けた。

「また昔を思い出した。そうしたら母と父のことは、嫌いだったのではなく、ただ単に怖かったのだと分かった。小さい頃は好きになろうとしていたと思う。中学生くらいからとても嫌いになった。それからは絶対に『嫌いだ』と思おうとしてきた。もとをただせば、それは好きになろうとしていたからだと分かった」

この世に生まれてきて最初に出会う人間が、母親である。

子どもは母親に認めてもらって初めて安心を得る。認めてもらえないと、子どもは恐怖に突き落とされる。その恐怖を打ち消そうと、子どもは必死になって母親を好きになろうとする。でも、母親は応えてくれない。中学生の頃になると、そういう母親が嫌いだと思うようになる。せめて、好き、嫌いという規範を持っていたい。そうできれば、親と一緒に生きていると思えるからだ。彼女は普通の社会的存在として親とつながっていようとしたのだ。しかし、今、好き嫌いではなく、怖かっただけと気づく。つながりが途切れる。

彼女は話を続ける。

「親を好きになるために、自分を責める材料を探し続けてきた。自分を責めて、こんな自分じゃダメだ、ダメだ、と次々と自分に要求していれば、それで少し安心だった。自分がうまくできれば好いてもらえるだろうと思っていたからだ。いつの間にか自分の生き方は自分を責めること、自分を否定すること、自分をがまんさせることになった。それが生きる支えだからやめられなかった。そういう生き方が必要だったのだ。

だから、自分は虐待の被害者だったけれど、自分の中で自分は加害者だった。自分を責める加害者、自分を惨めにさせる加害者、自分を殺して人に従えと命令する加害者だった。孤独の恐怖を抑圧する手段が、加害者になることだった。だから義務を果たしても自分を認めず、がまんしても自分を許さなかった」

「一昨日の朝、目が覚めた時、ベッドの中で恐怖を感じた。これが自分が社会に入っていく恐怖だと分かった。

『がんばって人に合わせないと生きていけない』、そう思った時に恐怖が湧いてきた。生まれてからずっと感じてきた恐怖だけど、今まで気づかなかった。

ついで、『自分はダメな人間だ。もっとがんばらなければ』と、いつもの思考が動き出した。

ああ、これだ、とはっきり分かった。小さい頃からずっとかかえてきた恐怖と、それに反応する加害者の自分だった。自分が潰される恐怖を前にして、自動的に自分を責め始めていた。ちゃんとやらないと嫌われる、のけ者にされる……。四〇年、そう思って目を覚ましてきたんだ。もう目の前に親はいないのに、今は落ちついて暮らしているのに、まだかかえている。

結局、自分で自分のことを痛めつけている。自分で自分を優しくしていない。自分で自分を敵にしてきた。そうさせているのは、もうあの人（母）でもなく、あいつ（父）でもなく、自分なんだと思った。

そうだ、この世が地獄だったのではない。自分の心が地獄だったんだ」

自己否定の悪循環から抜け出す方法

一カ月後、診察室に入ると、彼女は椅子に座り、また語り始める。それが前回話したことの続きになっている。

「あまり自分を責めなくなったら、感情が自由になった。

感情が動き出したのを感じたら、自分の感情は思う通りにできないのだと分かった。同じように自分の考えも思い通りにならない。感情や考えが次にどこに行くのかは予測がつかない。自分はとても深刻なことを考えていたかと思うと、急にタコ焼きが食べたいと思ったりする。以前は理性で、自分をなんとかしようとしていたし、なんとかできると思っていた。コントロールのしようがないというのが身に染みて分かった。結局、諦めた」

自分を責めない、つまり、規範から離れると、感情や考えをコントロールしようとする力が弱まるから、それらをコントロールできないと実感する。

「流れていく感情と考えは思い通りにはならないけど、深いところでは自分が一番強く望んだ通りにはなっている。自分が一番ダメで不幸な人間だと思ってきたので、その通りになっていることに気づいた。何か、ちょっと呆然としてしまった。心は思い通りになれるんだと思った。だったら、心を幸せにしたらいいと思ったけど、いきなりそれは無理！　とも思った」

彼女は心を動かしている法則に気づき始めている。

「正しいと思っている自分がいて、それが責めている自分を応援して、責められる自分を憎んでいた。最近、正しいと思っている自分が訴えてくるのを、いいとも悪いとも思わないで、ただ聞いていた。善悪の判断に引きずり込まれないように聞いていた。そうすると、前はダメと思っていた自分に、逆に愛情と親しみが湧いてきた。不思議な気持ちだった。

責めている自分と責められる自分との関係が生まれて初めて逆転した。今度は弱い側の自分に回って、責める自分を憎むようになった。両方を認められるようになったら心が釣り合って、力が抜けてバランスが取れた」

責めることと責められることが同じ重みを持つようになると、気持ちはフラットになって静かな諦めのような時間が流れる。

「そうしたら、また新しい発見をした。

苦しみと不安は、抑えようとするから持続するのだ。そして抑えられない自分を責めると、さらに持続する。シンプルな心のメカニズムを発見して、ちょっと嬉しかった。それがうまく苦しむためのコツなんだと思った。

最初から、感情を抑えなければこれが始まらない。でも、その時に独りぼっちになってしまったような、ちょっと寂しい気持ちも起きる」


彼女は静かに語り続けた。

「この自分はどこで作られてきたのかと考えた。いや自分ではなく、自分が信じてきた思考方法とそれに合わせている感情だ。小さい頃から知らない間にできあがっていた生き方だ。その自分が自分のすべてだと思っていた」


信じようとしてきた生き方は規範に沿う生き方であり、感情もしかりである。

「昨日、散歩をして、ちょっと電車に乗った。自由で、天気がよくて、心地よくて、解放感があった。こういうのを『のどか』と言っていいのだろうか。

確かに、自分の存在を認められるようになってきた。『私はいてもいいと思えるようになったのか』と自問したら、『そう思う、許可はいらない』と答えてきた。

一方で、生きている恐怖は全部はとれない。いつもどこかにある。やっぱり何かせき立てられている。誰か哲学者が言っていた『存在の不安』というものなのかもしれない。私流に言えば『つながりの不安』だ。でも、そうだったら、安心だ。誰でも持っている恐怖とか不安。私はそれが人一倍強いだけなら、それでいいと思った」

規範からも辺縁の世界からもはみ出してしまう体験

自分を責めなくなった彼女は、自分を抑えてきた枠から外れた。規範を守るという枠である。

辺縁の世界では、それは孤独の恐怖を抑圧し、愛情の期待を持ち続けるために必要な枠だ。同じ枠は、普通の世界では、感情の共有を維持するために必要なものだ。

曖昧な社会的存在に頼ろうとした辺縁の世界の生き方からも離れ、同時に心理カプセルの中にある義務感からも離れた。つまり、社会的存在そのものから外れてしまったのだ。

そこで心は自由になった。

しかし、外れたままで次の何かが定まっていなかった。宙に浮いたような気持ちが続いていた。

その中で、彼女は奇妙な体験をするようになった。

(1)まず最初の変化は、自分自身も含めて人に対する懐かしさを感じるようになったことだった。それは何十年ぶりかに家族や親友と再会して、「生きていたんだね」と互いを感じるようなものだった。

「今日は久々に、朝の混んでいる電車に乗った。ホームの駅員さんも電車の車掌さんも、先回りしてアナウンスしている。『ドアが閉まります』と何度も繰り返す。電車が発車する前にドアが閉まることぐらい、みんな分かっているはずだけど、でも、そう言わざるをえない。一生懸命生きている気持ちが伝わってくる。乗客も駅員さんも何か微笑ましい。親しみを感じる。嬉しい。穏やかで、豊かな世界だと思った」

不安、恐怖、緊張が相対化されると、人そのものが、一人一人、愛おしくなる。
(2)それから、二つ目の変化は、「思想」についてである。哲学とか心理学、存在と心を扱う学問、これらが扱っている「認識」というものが見えてきたと言う。
「三〇過ぎてから哲学書を読んだ。子どもの頃から考えていたことが、認知論に書いてあった。

人と同じ物を見ていても他人が同じように見えているかどうかは証明できないとか、同じ音を聞いていても人には違う音に聞こえているかもしれないとか、そういう認知論だった。

そんなことは、私は小さい頃から知っていた。それで、ホッとした。頭のいい人が私と同じことを考えている、と思った。

私は中学しか出ていないけど、学歴コンプレックスが消えたような軽い気持ちになれた。

それから、存在論について読んだことも思い出した。

人の存在の意義は、神の深遠な意図を読み取って解明されるべきだと述べる神学が紹介されていた。それから、時代を下って、人の存在の意義は、社会的な存在分析によって解明されるとか、親子の心理的交流を土台に語られるとかの説があって、最後に、人の存在の意義は、そういった外側からの分析で明らかにされるものではなく、その人自身のありのままの存在（現存在、実存）から始めるべきだと書いてあった。その説明は回りくどくて、読んでいて少しイライラした。

そんなこと、私は小さい頃からずっと一人でやっていた。なぜなら、自分の存在を神とか、社会の価値とか心理学の説明に委ねることは知らなかったし、期待をしたこともない。神はいなかったし、社会は遠い世界だったし、親子の関係もなかった。だから、哲学書の説明がとても不思議だった。当たり前のことを、なんでこうもくどいくらいに論じるんだろうと思った。

最近、その違和感の原因が分かった。哲学は『普通の』人用に書かれているのだと理解して、それで納得できたのだ。普通の人は自分自身である前に、神とか、社会とか、家族とかでつながっているのだ。生まれつき社会的なんだと分かった。だから当たり前の社会的存在を一度壊してみないと、『存在』が見えてこない。壊すところで哲学したくなる。みんな孤独じゃないし、安心しているからそうなんだと、理解できた」

(3)三つ目の変化は、感情の解放であった。社会的存在の枠が外れて感情コントロールが一時的に混乱した。

「ここ数日、自分が何かに『縛られてきた』という感覚を自覚していた。それが意識にのぼってきて、分かるようになった。感覚や感情が意識にのぼる直前にそれを自分が抑えているのが分かる。それが日常的にたくさんあって、張り巡らされている。感情が自由に動こうとすると、叩かれる。モグラ叩きが自動化されているようだ。

はっきりと感じたのは、日曜日にふらりと寄った美術館だった。

絵を見るのは昔から好きだった。久しぶりに絵を見たら色がぜんぜん違っていて、色彩が押し寄せてきて、以前の絵の見方が根底からくつがえった。私が絵の中に入ってしまった。画家の存在そのものが迫ってくる感じだった。自分の存在が問われている感じで、とても受け入れられなくなって、圧倒されて否定されているようだった。

私はそこにいられない、いる資格がない、と思って拒否していたら、色彩もそれほどでなくなってきて、代わりに胸が苦しくなってきた。

逃げるように美術館から出て、街を歩いた。徐々に自分を抑えている元の感じになった。圧倒的な色彩は消えた。安心した。

翌日、朝起きて、昨日入ってしまった『世界』から今の自分を見られた。すると、いつも感じていた朝の恐怖はなかった。恐怖がある『そっち側』が当たり前で、『こっち側』はおかしいと思った。自分を抑えてずっと生きてきたのかと思ったらショックだった。でも、『こっち側』は本当かなとも思った。考えていたら、そっちと、こっちと、どっちの自分が本当なんだろうと、それからだんだん、分からなくなってきた」


人は、ネガティブな感情である恐怖や不安を抑えて生きている。また同時に、ポジティブな感情である芸術的な感動や鮮やかな色彩感覚も抑えている。両方とも、ある範囲内に収まるようにしているのだ。人と一緒に感じ、一緒に理解し、一緒に生きていくために、つまり、社会的存在としての自分を確実なものにするにはそれが必要だ。

そうすれば感覚が共有できて、心が安定する。

共感覚（シナスタジア、synesthesia）という現象を考えると興味深い。

これはある感覚刺激（五感のうちのどれか）に対して、その感覚だけでなく、同時に違う種類の感覚を感じることである。例えば、音に対して聴覚だけでなく視覚（色覚）を感じるのだ。私の知っている人は、音階にそれぞれ色が対応していて、音楽を聴くと色彩があふれてくると言う。どす黒い声で脅された、黄色い声を張りあげていた、などという表現を聞くと、音と色はつながっているように思える。

もともと人間の感覚は、五感に分化していなかっただろうというのが脳科学の説である。新生児の脳は未分化で、共感覚をもっているとも言われている。その後、言葉とか社会的な訓練で脳が分化して、脳の各感覚野をつないでいる経路の一部が遮断され、共感覚を失うという。まれに、この一部が残っているのが共感覚である。

木内さんの話は続いた。

「あれからも時々、感覚が鋭くなってしまうことがある。感覚に身を任せてしまって、自分を抑えているもの、自分を縛っているものを取ってしまうと、自分がバラバラになってしまうようで怖い。縛って抑えていてかろうじて『人』でいられる感じがする。

それからまた変化があった。今度は隠れていた欲求がたくさん出てきた。自覚して隠していたものと、自覚していなかったものも両方が全部出てきた。出てくる力が強くて抑えられなかった。それが何だったかは言いたくないけど、怖かった。

だから感覚と欲求は適度に抑えて、縛っておいた方がいいと分かった。その小さい範囲で生きてきた。小さな自分の中で生きてきたと思う。

その小さな自分を、大きく広い自分が見ている。小さな自分は自分がどうなるのか分からない、たがが外れて自分が壊れてしまうのかと、おびえてふるえている。私が小さい頃からずっと作ろうとしてきた普通の欲求、感覚、人格、アイデンティティはそれかもしれない」


彼女は社会的存在の外側に出てしまった。同心円の構造からみると、内側二つからはみ出て、宇宙に行ってしまったのだ。そこでは感覚も欲求も制限がゆるくなる。心の抑圧がなくなる場所である。

二つの同心円の外側では、生死の意味も変わるから、「死にたい」と「消えたい」

がともになくなってしまう。何が残るかといえば、ただ「在る」ことだけである。

生き物としての生命的存在＝宇宙的存在

鋭い感覚と感情の噴出に彼女は動転していたが、それもピークを過ぎて落ちついていった。

それから一カ月が経った頃に、今度は体の痛みに直面した。

「今までになく辛くなった。助けてください！　と叫んだ。

風邪をひいたのがきっかけだった。この歳で三九度の熱が出た。

風邪薬を飲んだら副作用なのか発疹がぽつぽつ全身に出た。体中が痒くて、風邪のふらふらと両方で、ひどい状態が三日間続いた。こんなひどい病気になるとは思っていなかった。どうにもならないと身に染みた。自分の生命力に預けるしかないのかと思ったけど、小さい頃から体は弱いと思っていたから自信はなかった。

鼻が詰まって息が苦しくなって、深夜に目が醒めた。このまま死んでしまうのではないかと、ベッドから飛び出して窓を開けた。久しぶりのパニック発作だった。昔、使っていた安定剤を出して飲んだ。一週間飲み続けた。一週間後に止めたら、今度は薬の離脱で背中と肩がコチコチになって、イライラが三日間続いた。それからようやく楽になった。

その時に思った。

体が辛い時には、『死にたい』とか『消えたい』が出て来ない。ただ必死だった。体が回復したら、普通に息ができていることがとても幸せだと感じた。体が楽、自分の体を感じている心地よさが一番嬉しい。食欲が戻ってきて、ご飯が美味しかった。これがいいんだ、としみじみと幸せを感じた。

数日して体調の良さを忘れかけてくると、昔の感覚が戻っていることに気づいた。生きることの不安な感覚だ。その時にはっきりと分かった。『消えたい』と思う時は、私が社会的に生きている時か、生きようとしている時だった。その時は、生き物としての感覚を忘れているのだと思う。生き物として生きている時は『消えたい』は出てこない。ただ嬉しいだけだ」

生き物としては生きたいという本能がある。それが満たされていれば幸福だ。しかし、社会的に生きていこうとすると、「死にたい」とか、「消えたい」が出てくる。

人が自分をだますのはなぜなのか？　不思議な会話

彼女とは何度も不思議な会話をした。私はとても面白かった。彼女も混乱すると言いながら、楽しんでいるようにも見えた。

「ここ二カ月ほど不思議な心の旅をしたと思う。それはまだ終わっていないけど、今まで当たり前で疑いもしなかったものがそこでは終わっていなくて、私が思い込みを変えようとしている範囲がこの辺かなと思って近づけば、実はもっと遠い所まで世界が広がっていた……まだ知らない世界があるのだと思う」

彼女はそこで、一度、沈黙した。

それから、彼女の意識は再び心の中に入っていった。

「しばらく前に、『同じ花を見ていて、以前と感じ方が違うか？』と先生に聞かれた。最初は何を言ってるのか意味が分からなかったけど、確かに見え方が違っている時がある。今までは、抑えていたと思う。

小さい頃、花を見て『それ』を出すことが子どもっぽいことで、嫌だった。早く大人になりたいとずっと思っていたので、『それ』を抑えていたのかな、と思った。『それ』というのは生きていることの純粋な感動とかいうものだと思うけど、そう言ってしまうと限定されて、何か漏れてしまう感じがする……。

『それ』は花と私の存在で、二つがつながっている生命のような感じだ。

母が感情を汚く出す人だったので、そうなりたくないと思って、感情をコントロールして『それ』を感じないようにした。子どもの頃にがまんしていた欲求、甘えたい、わがままを言いたい、それらも私はなかったことにしていた。自分が欲しいものをがまんして、感じていたことを感じていないようにして、体験したことも記憶をなくして、自分をゆがめてきた。

ゆがめられてきた私は私じゃなかった。私の過去は私の記憶で成り立っているのに、その記憶が違っている感じがする。だったら、私の存在そのものが思い込みの空想だったのかと考えてしまう。それは過去だけのことじゃなくて、今もこう言っているけど、本当の自分は誰なのか、この私は空想なのかと思ったりする。

自分をだまして生きてきたのかとか、考える。

でも自分をだますのは、生きていくためにそれが必要だからだと思う。例えば、辛いのを本当に辛いと思ったら生きていけないので、そんなに辛いはずはないと言い聞かせて自分をだます。自分はそれをたくさんしてきたけれど、誰でも社会に適応して生きていくためには必要なことだと思う。でも、一度それをしてしまうと、自分が分からなくなるのかもしれない」

そう言って彼女は沈黙した。

しばらくして、彼女はそれまでとはうってかわって、穏やかで明るい口調になって話し出した。

「先生、私はいったいどうなっているんですか？」

「社会的存在から外れた体験をしているのじゃないのかな」

「ええ、そうですね。そういう言い方はなぜかぴったりする。でも、『外れた』なんて、それって先生、失礼な言い方じゃないですか？」

「そうですか。失礼しました。

でも、そう言われてもぴったり感があるんですね。面白い体験ですね」

「私にとっては、『社会的』という言葉がキーワードなんですね。辛くなったらそれを外す訓練をすればいいいんですか?」

「なるほど、そうかもしれないですね……」

「存在そのものの悩み」は「普通の」人と共通している

その次のカウンセリングで、彼女は報告した。


「あれから何かが変わりました。

それが何かというと、うーん、よく分からないけど、ここ二カ月、心が盛り沢山で、私のキャパを超えていた。体も限界で、体が反応して腸が動いたり、家に帰ってからは脳みそが反応して、頭の中がポップコーン状態で、自分がどこかに行ってしまいそうだった。

この変化は、先生が言うように、いいことだろうけど、その変化に抵抗してみたりもしていた。

この一週間、普通の状態が見えていたり、違うものが見えていたりだった。『解決はあなたの中にあるのでしょう』って先生に言われて、その言葉が残った。そうして自分の中に、宇宙が広がった。

突然、それが現れて、訳も分からず大泣きした。そうだったのかって、今、私がここに『在る』、それだけ。

今まで何度も本で読んで、そうなのかなと思ってきたけど、それを実際に感じたら衝撃的だった。なんだか花火のしだれ柳みたいにダイヤモンドが降り注いでくるようで、今、ここに『在る』だけで、幸せなんだと思った。そうしたら美術館で急に色彩が押し寄せてきた時みたいに、幸せが押し寄せてきて、受け止めきれなくて、分からなくなった。

でもそのスイッチも切れるみたいで、普段は何もない。

カウンセリングの盛り沢山をまだ振り返れていないけど、なんとなく、もう終わったことだからという気がして、今起こっていることも理由づけしたいけど、そうやろうとするとバランスが消えてしまうので、今はただ感じている。時々、元に戻ろうとする力が働いて、不安定になる。

元に戻るというのは、頭で考えるようになることだ。だから今は考えていない。今はここに『在る』というのを感じている。でも、考えるのと感じるのとは、一緒にできない。また元に戻るのかもしれないけど、それはそれでいいのかなって……。

私は今は、おかしな状態ですか？」

「それはないと思いますよ」

「こんなことになるのを本とかで読んだことがあるけど、私みたいな凡人にもなれるのかと思った。そんなの極めた人だけかと思っていた。本に書いてあったリンゴの話、リンゴを見て認識する私と、リンゴから認識される私っていう話、それを読んだ時に、想像もできないと思っていたけど、でも、なぜか本の中でそこが一番好きなところだった。それは小さい頃に花を見て感じた『それ』と同じものだった、つながった。

なぜ？　なぜ私が、『それ』を感じられるようになったのかと信じられなかった。

だから、抵抗した、いっぱい。違う、違うって。これは勘違いじゃないですかね」

「本物だと思いますよ」

「クリニックに通い始めた頃、私が初めて虐待の話をした時に、先生に『思い込みが解ける』と言われて変化が始まった。

しばらく前には『解決はあなたの中にある』と言われて、その言葉を繰り返していて、こうなった。

幸せなのに、私には幸せが来ないと言って、本当に何も見えていなかった……。

幸せがウワァーと押し寄せてくるので、おかしくなりそうでブレーキで抑えている。集中するとなりそうなので、ニュートラルにしている。

二つは両立できるんですか？」

「できると思います」

「そうですね。社会的な生活と、自分の生活と、同時に送れて、二つに慣れてくると、そうなる気がする」

日常生活を楽しむ

「電車の中で、人がなつかしく見える。世界は今まで以上に、色彩豊かで、ずっと立体的で、厚みがある。みんながんばってそれぞれを生きている。

筋が見えてきた。道理が立っている。子を叱る大人の筋と、それに抵抗する子どもの筋、しっかり見える。それぞれがんばっているな、と思った。

以前は人が怖かった。電車が怖かった。親が子どもを叱るのを聞くと、その場から逃げ出した。でも、今は落語を聞いているような感じだ。それはきれいに筋を追っていけるという意味だ。

先生、今度、パートで通っている職場の飲み会があります。飲み会ってみんな何のために行くのですか？」

「えっ？　別に飲み会は何かの目的のために行くわけじゃなくて、ただの楽しみだよ。いや、まあ、つき合いで、仕事をスムーズに進める潤滑油みたいなものかな」

「楽しみなんですか。それと潤滑油ってどういう意味ですか？」

「そうだな、誰も真面目に考えたことがないかもしれないけど……。なぜなら、やっぱり、それは楽しいし、お酒や食事は美味しいからかな」

「でも、本当は何のために行くのですか？」

「うーん……。それは話をして、自分の自慢をして、ほめてもらって、認めてもらうためかな、そういう楽しみのために出かける。それプラス、食事とお酒が美味しいというのがある。二重の楽しみだね」

「でも、人の悪口ばかり言っている上司もいます」

「それは、ほめてもらえないので、ひねくれてしまった状態です。本当はその上司もほめてもらいたい」

「なるほど！　よく分かりました」

「筋が通っているね」

「そうですね。物語があって面白い。……でも、私は自分の自慢話はないからほめてもらえない」

「そうだね。じゃあ、何でもいいから感想を言えばいい。自己表現というやつ。それを聞いてくれる人もいるはずだ。それがほめてもらうことに近い」

「そうですか。分かりました。飲み会が楽しめそうです。

あっ、そうだ。最近、よく眠れる。朝、すっきり目が覚める。それから、ご飯が美味しい」


飲んだり食べたりすることの楽しみと、人にほめてもらうことの楽しみ、その二重の楽しみを彼女は飲み会で味わう。生命的存在と社会的存在の二重の楽しみだ。

「世間」というのはもともとは仏教用語で、「出世間」とは社会から離れて悟りを得る意味であるという。被虐者はもともと半分は「出世間」に生きているようなものだった。だから、普通の人よりは社会的存在から離れやすいのかもしれない。離れることによって楽しみが二重になる。知ることで存在が広がるのである。存在についての探求がここにまで及んでくると、彼らの悩みは被虐待ゆえの悩みを超えて人として生まれてきたことの悩みになり、「普通」と「被虐」の人生の違いを超えた解決にまで到達したように思う。

これが私が被虐待者＝異邦人から教えてもらった存在の秘密である。

彼女のカウンセリングはその後、三カ月ほどで終わった。

「そのうちまた来ます」と、最後にそう言って彼女はクリニックを去っていった。

今も二重の存在を楽しんでいるのだろうと思う。

おわりに　新しいものは常に辺縁の世界から始まる

児童虐待は特殊な世界の出来事である。

私は児童相談所や子ども家庭支援センター、保健所や学校でこの問題に関わる。虐待を受けている子どもを救うためには、彼らが感じている特殊な世界の在り方を理解しなければならない。

「相手の立場に立って」というのはどんな場合でも大切な支援者の心構えであるが、存在の基盤が根本的に異なっている相手の立場に立つことが、いかに困難なことであるのかを私は日々感じている。支援者が暮らしている常識的な人生から手をさしのべようとすると、善意が通じないだけでなく、逆に相手を追い詰めてしまうこともある。今でも、彼らの治療や支援を行っている時に、私が期待する反応とは異なるものが返ってきて、「あれっ？　自分の思い込みだったかな」と反省することがある。

自分の生き方を問われているようだ。

支援者によって助け出されたり、あるいは助け出されずに一人で生き延びてきた異邦人たち。彼らは大人になって、その独特の存在感から、人にはまねのできないクリエイティブな仕事をすることがある。この本の最後にそんな異邦人たちの社会への貢献を話題にしたいと思う。

ある日、私はぼんやりとテレビを見ていた。ある有名な人の一生をドラマにしたものだった。小さい頃はこんな境遇で育って、のちのち大きな仕事をしたという話である。

その中に、あれっ？　と疑問に思うシーンがでてきた。その人の幼少時の家族関係を描いたシーンだった。もちろんテレビドラマだから脚色されている。でも、こういう関係は普通はないと私は思い、もしかしてこの人は異邦人か、と考えた。

それっきりそのことは忘れていたが、しばらくして立ち寄った本屋でその人の伝記が目にとまり拾い読みをした。こちらは脚色はない。もちろん虐待のことは書かれていなかったが、行間から読み取れる親子関係はそうだった。そうか、やっぱり間違いないな、と私は思った。

社会の真ん中で育った人には絶対にありえない発想、社会の常識や良識にこびない独自の態度、でも、単なるそれへの抵抗である反骨精神とは一線を画して、一種毅然としている視点。間違いなく普通の人には見えない物を見ている。だからありえる構想だ。その人がやり遂げた仕事を考えて、そうか、やっぱりそうなのかな、と一人私は納得した。

もう一人、別な人、彼は著名な財界人だったが、ある機会があって何度かゆっくりと話をすることがあった。話はプライベートなことに及び、その人が生まれ育った家族の話題になった。この人も異邦人だった。彼は一代で大きな会社を作り上げた。それは新しい事業モデルを日本に持ち込んだといわれるようになった会社であった。

社会に大きな影響を与えるような創造やイノベーションは、常識の中からは生まれない。変革は常に常識とのズレや距離から生まれる。

それまでなかったような新しい境地を開いた人、それまでとは異なる視点で社会や国を論じ、危機に際して社会を救った人。そういう人たちの中に異邦人がたくさんいることに私は気づいた。それからもテレビを見ていて、あれっ？　こういう発言って普通の人はしないよな、と思って、気になって頭に残っている人が何人もいる。

偉大な詩人、画家、有名なデザイナー、政治家、脚本家、小説家、そして起業家。

社会は九割の「普通の」人、つまり、温かい家庭を持ち、安心と信頼を感じて社会の中にアイデンティティを作り上げている人と、数パーセントの「異邦人」、つまり、普通ではない家庭に育ち、人と違う視点と感情をもって社会に参加している人によって構成されている。内部に異質なものをかかえ込むことによって社会は常に進化し、続いている。

そして、新しいものは「辺縁の世界」から始まる。

文庫版あとがき

『消えたい』を上梓して三年になる。本を読んでくれたたくさんの患者さんから感想をいただいた。一番多く、印象深かったのは、「読めない。途中で本を閉じた」というものだった。その気持ちは私には痛いほどよく分かる。

これまで見ないようにしてきた事実を知る、信じていた自分が壊れていく、独りぼっちになる、そんな恐怖で先を読めないのである。

私は「そうだよね……」とだけ答え、本の話は棚上げになる。

しかし、数カ月後、「あの本、最後まで読みました」と報告してくれる。ある主婦は、「家族が出かけた後、一人になれる時間に読みました」と。年輩の男性は、「あの本は電車の中では読んではいけませんね、この歳でぼろぼろ泣いていました」と。また、大学で言語学を研究する人は、「結局、他人と現実を共有できなかったことが、僕の苦しみだった、同じ言葉を使いながら違う現実を体験しているという孤独感だった」と述べた。

「お母さん」や「家族」という言葉を使いながらその背景にある体験（＝現実）がまったく異なっていたという違和感だ。患者さんみんなが共通に伝えてくれたことはこのことだ。本を読んでいろんなことがくっきりと見えてきた。ピントが合って、他のみんなの持っている現実と自分とがつながった。そして、心が楽になった。

カサンドラ症候群というのがある。これはアスペルガー症候群（発達障害の一つ）の夫（伴侶）を持った妻（配偶者）が抱える苦しみで、夫の独特の人間理解（対人コミュニケーション領域での欠陥：『DSM-5』）のために、夫婦間の会話がうまくいかず、妻が自分を責め、抑うつ感や無気力、偏頭痛、肩こりなどの症状に悩む病気である。夫は自分の「欠陥」には気づかないので自信たっぷりに見え、また、世間的にも立派な夫なので、妻一人が追い詰められていく。

夫の発達障害を詳しく説明すると、妻は「ああ、そうだったんですね」、「夫のこと、誰に言っても分かってもらえなかった」と涙を流し、症状はスーッと消えていく。現実を共有できて、心の不安は消え、楽になる。カサンドラ症候群というのは正式に認められた病名ではないが、もし、この病名がもっと広く知られるようになれば、アスペルガー症候群の伴侶を持った配偶者の苦しみは小さなものになっていくだろう。

そして、同じように、発達障害（軽度知的能力障害）の母親に育てられた被虐待者＝「異邦人」の苦しみが、もっと広く世間に知られるようになれば、彼らの苦しみもまた小さくなっていくだろうと思う。

解説　「異邦人」なのか……

橋本治

こういう言い方をすると人を傷つけることになるのであまり言いたくはありませんが、実は私は被虐待児でした。そのことは重々承知していて、そのことに由来する身体症状もないので、この『消えたい』という本の文庫版の解説を書いてほしいという依頼を受けた時、たいして考えもせず「いいですよ」と了承してしまいました。「逃げずに直視すべきだ」というへんな気がしたからですが、読み始めてすぐに後悔をしました。「解説を書く」というような客観的な距離が取れません。情緒不安定な状態が三日ばかり続いて、しばらくは本を手にすることが出来なくなりました。

私が「そのこと」に気づいたのは、小学校に入った年の二学期の最初の日でした。その日の夕方、母親は「来るんだよ！」と言って私の手を引っ張ると、家の外に連れ出しました。母親が突然逆上するのはいつものことで慣れていましたが、その時は「どこに連れて行かれるんだろう？」と思ってこわくなりました。

連れて行かれたのは、家の近くにあった百坪ほどの広さの空地です。夏の終わりの空地にはススキのミニチュアのような夏草が一面に茂って、そこにトンボのミニチュアのようなウスバカゲロウが何羽も何羽も飛んでいます。薄紫の夕靄が辺りを覆って、空地の向こうにはよく遊びに行っていた田村さんの家の門灯の光が、明るく点っていました。

その光景があまりにも美しいので、私はただ「きれい――」と思って突っ立っていました。すると、隣に立っていた母親が私を急き立てるように、「ほら、捕まえるんだよ！」と言って草むらの中に入って行きました。「ウスバカゲロウを手で捕まえろ」と言っているらしいのです。

私は、草むらの中に入って透明な羽を持っているウスバカゲロウを追い散らしている母親を見て、「違う」と思いました。

その頃の私は小学校というものに馴染めず、学校に行ったら身動きも出来ないような子供だったので、母親は私のことを「男の子らしい活発さがない」と思っていたのでしょう。「男の子はトンボ採りをするものだ」とでも思って近所の空地へ連れて行ったのでしょうが、私の思うことは「違う」です。「なんでこういうきれいなところに入って行って荒らさなけりゃいけないんだろう?」と思っていました。その時には持ち合わせていなかった大人の言葉を使えば、「価値観が違う」です。それでも、言われたことをしないと怒られるので、形ばかり草むらの中に入って行きましたが。

母親はそれ以前から暴力的でした。うっかりしているとすぐ怒鳴られます。「よかれ」と思ってしたことでも怒られます。私には理由が分かりません。「自分にはなにか問題があるのかもしれない」とは思っても、それがなんなのかは分かりません。分かるのは、母親と一緒にいるとつらい思いをすることが多くて、母親がこわいというだけです。ところがその夏の終わりの日になって、やっと理由が分かりました。理由というか、自分の置かれている「あり方」です。

母親は、自分とは違う世界観で生きていて、私はそういうものにまったく共感出来ません。「違うんだ」と気づいた瞬間から、自分は自分で「真」と思うような方向に生きて行こうと思いました。母親の愛情がほしいかほしくないか以前に、「自由になりたい」と思い、「自由になってもいいんだ」と思いました。ただ、そんなことを言っても叩かれるだけです。だから、「強くなりたい」と思いましたが、そう簡単には強くなれません。「お母さんは僕と違うんだ」と思っても、母親の暴力的な態度は変わりません。それで私は、その頃——小学校に入って三、四年ばかりの間の時期を思い出すのがいやです。直視しようとすると、「弱い自分」しか見えて来ません。実際はどうあれ、母親から与えられる評価は「だめな子供」ですから、自分のあり方に自信なんかは持てません。

私は被虐待児だったはずですが、もしかしたら違うかもしれません。なぜかと言えば私は、「母親の思い込んだ錯誤を押しつけられている」ということをずっと自覚していたからです。その頃の私は「消えてしまいたい」とは思いませんでした。思うのはただ、自分の力なさに対する「情けない」という思いだけです。

幸い私は三世代同居の多人数家族の中にいましたので、母親との関わりを最小限にとどめることも出来ました。それでも突然、母親は怒声を上げてやって来ます。私は母親のいる家から距離を置きたかったので、家の外に人間関係を構築することを第一に考えました。家の近所に友達は大勢いたし、小学校の生活にも馴染んでしまいました。それで、自分でもなにか決するところがあったのかもしれません。小学校五年生の時、母の日に母親へカーネーションを贈りました。

花屋で買った一輪だけのカーネーションを「はい」と言って母親に差し出しました。

母親はそれを見て、「なんだこれ?」と言いました。それだけです。母親が受け取るまでの沈黙と、その後の沈黙が妙に恥ずかしかったことだけは覚えています。「なんだこれ?」しか言わなかった母親に対して、悲しいとか寂しいとは思いませんでした。母親のそばを離れて、妙にサバサバした気分になりました。それは、寂しさに対する穴埋めかもしれませんが、「お母さんを無理に好きになろうとするような無駄なことをしなくてもいいんだ」と思って、楽になりました。それ以来、母親に対する特別な感情——「期待」というものは感じなくなってしまいました。「消えてしまいたい」と思うようになるのは、そのずっと後です。

私にとって重要なのは、家の外に作り上げた人間関係です。それが突然崩壊してしまった時の喪失感は言いようがありません。それまで「一緒だ」と思っていた人間達が、ある日突然、一斉に違う方向を向いて自分一人が取り残されてしまうという経験を、私は二十歳までの間に二度経験しました。「もう誰も信用しない」と思っても、それですむわけではありません。どうしたらいいか分からなくなって、ある感情が浮かんで来ます。それは、「自分になにか問題があって、こんなつらい思いをしなければいけないのだろうか?」という感情です。

よく考えてみれば、それは自分の中に根を下ろしてしまった一番古い感情の一つです。他人に拒絶される——その目と遭うたびに、「自分はなにか悪いことをしたんだろうか？　自分になにか問題があるんだろうか？」と思ってしまいます。そういう問いとは無縁になっていたはずなのに、外部に起こった変化がいつの間にか、その問いを誘い出します。一度は外部の変化に立ち向かって撥ね返しても、なにかあれば、またその問いは大きくなって立ち上がる。「なにが問題なんだろう？」と思っても、その拒絶する視線は答を返してはくれません。まるで「一人で苦しめ、反省しろ」とでも言うように、私に後退を強要します。その視線からジリッジリッと下がって行って、消しようのない自分に対して「消えてしまいたい」と思います。

それがピークに達したのは、原稿書きになった後です。原稿には「自分の考え」がストレートに出てしまいます。だから、それに対する拒絶もストレートに響きます。拒絶や嘲弄——そういうものを気にしないようになってずい分たつのに、この『消えたい』という本の冒頭にある部分で、それが甦りました。

《彼の語り口は、どこか社会から離れ、人々から離れ、浮き世を遠くに見ているようだった。》と言われてしまえば、この《彼》は自分のことだと思い、その《彼》達にをしていないのに、《異邦人》という檻に入れられてしまう。

《異邦人》というレッテルが貼られてしまえば、もう逃げ場はない。なにも悪いこと

それを理解するためには《異邦人》というカテゴライズが必要なのだろうけれど、

私にはそれが一番つらい——としばらくは思って、「どうでもいいや」と忘れてしまいました。

それで私は、「他人を異邦人と思う『普通の人達』とはどういう人達なんだろう」と思い続けるのでしょう。

（はしもと・おさむ　作家）

本書は、二〇一四年三月、筑摩書房より刊行された。

ちくま文庫

消《き》えたい
——虐待《ぎゃくたい》された人《ひと》の生《い》き方《かた》から知《し》る心《こころ》の幸《しあわ》せ

二〇一七年二月　十　日　第一刷発行
二〇二五年五月二十五日　第三刷発行

著　者　高橋和巳（たかはし・かずみ）

発行者　増田健史
発行所　株式会社　筑摩書房
東京都台東区蔵前二―五―三　〒一一一―八七五五
電話番号　〇三―五六八七―二六〇一（代表）
装幀者　安野光雅
印刷所　中央精版印刷株式会社
製本所　中央精版印刷株式会社

ISBN978-4-480-43432-6 C0111